大展好書　好書大展
品嘗好書　冠群可期

大展好書　好書大展
品嘗好書・冠群可期

形意大成拳系列 2

形意拳
練法用法與功法

曹志清　著

大展出版社有限公司

穆修易，字子居，祖籍山西省太原市南郊區馬莊村人。生於一八七四年，卒於一九五三年，終年八十歲。穆先生自幼酷愛武術，青年時在太谷縣經商，曾得到形意大師車永宏（毅齋）老先生之悉心教誨，歷時五年之久，在形意拳基本功方面，打下了較紮實的基礎，後正式拜王福元先生為師。辭商歸里後，又將王福元先生接在家奉養，並受其教導，日夜專修，盡得王福元先生之真傳，深得形意拳之精粹，技藝純熟，功夫深奧，在晉中和太原一帶授徒多人，很負盛名。

穆先生晚年時，將形意、八卦、少林之精華揉合融貫，技藝達到爐火純青的境界，並自編了雲龍拳、飛虎拳、伏虎拳、乾坤掌、疾進槍、北辰劍、六合棍、六合大槍等套路及功法，為中華武術事業的發展作出了重要貢獻。

商長鎖，字治，祖籍河北省甯晉縣人。生於一九○五年，卒於一九七三年，終年六十八歲。

治，自幼隨父逃荒山西，定居太原，以小本經營為生，酷愛武術，曾先後拜董秀生、穆修易、曹克先生為師，學習形意、少林五行（內家）、八卦、五行太極、擒拿、點穴以及器械等。商長鎖先生在武事方面，能夠破除門戶之見，博採眾家之長，終日與師兄王世海、師弟唐金榮等共磋技藝，又在穆修易老先生的悉心教導下，心領神會了形意拳中之奧妙，練就了一身真功夫。商先生身靈如猿，堅硬如鐵，用起功夫，可將三四百斤重的碌碡平托而起，且面不改色；運用輕靈之時，又忽而在左，忽而在右，左右莫測，因此在並州大地享有很高的盛名及威望，成為一代形意拳名家。

師徒合影

第一排：常理保　張耀林　商長鎖　王世海　畢慶海
第二排：郝樹賓（張耀林之徒）　王建成　朱　華　劉承德
　　　　王秀章　商明喜（商師之子）
第三排：陳嘉生　魏　錄　李玉貴　高奇生　曹志清

第一排：薛維琪　朱　華　常理保　高奇生　曹志清
第二排：楊貴生　史　義　溫井賢　王培玉　陳嘉生

師兄弟近照

前　言

　　1988 年 2 月由人民體育出版社出版的拙著《形意拳理論研究》，主要對拳理、醫理、尺寸、角度、勁節等方面做了探討和研究，目的在於繼承中國寶貴遺產，發揚光大中華武術，將我中華國粹提高到一個新的境界，為後人學習有依，參考有據，盡快地將我中華武術推向世界，造福人類，以不負先人「揚我國光」之訓。

　　《形意拳理論研究》出版後，曾收到武林前輩、武林明手、同道好友以及廣大讀者的一些來信和電話，給予了我極大的支持與鼓勵，其中有商榷、指導性的建議，對我幫助很大，對進一步提高和完善形意拳理論，並逐步走向科學化、系統化，起到了很大的促進作用，特在此表示衷心的感謝！

　　《形意拳練法用法與功法》一書，係《形意拳理論研究》的姊妹篇。全書共分六章。第一章是五行拳的各種練法；第二章是五行拳的各種基本用法；第三章是十二形拳的各種練法與用法；第四章是單練對練套路；第五章是形意十四打法；第六章是形意拳練功法。另有附錄「拳經匯解」和「拳道集錄・內功四

經」。

形意拳中單練、對練套路頗多，如進退連環拳、形、意（雞形）四把、雜氏捶、五花炮、劈五行、挨身炮、九套環、陰陽炮、乾坤掌、以及新編的十七連環拳、綜合形意、四十八式形意拳等，均未編入此書，原因有二：其一，諸多古傳套路及部分新編套路，以往已有諸君之著作出版，考慮再無重複之必要；其二，套路既多又長，為了盡量縮短篇幅，故不再贅述，僅將伏虎拳、五行生剋兩個短小套路編入本書，供讀者學練參考。

由於本人學藝不精，體會尚淺，加之文墨不濟，謬誤之處在所難免，誠望武林前輩、武林明手、同道好友予以斧正。

目　錄

第一章

五行拳練法

第一節　起　勢

本節所介紹的五行拳起勢，分為穆式意拳起勢法和商式意拳起勢法兩種。穆式意拳起勢法，是先師穆易先生所立本門之規，共分九式；商式意拳起勢法，係商長鎖老師所自立，也為本門之規。

一、穆式意拳起勢法

歌　訣

雙手捧起開拳勢　　黑虎伸腰定乾坤
翻沙向前走一步　　平心靜息氣自習
翻轉陰陽丹田起　　獅子張嘴空前胸
白虎吞風紮根式　　出手橫拳定逞雄
生出三才天地人

1. 雙手捧起開拳勢

（1）設正面向南，兩足併立，身體正直而立，兩手

自然垂，兩肩鬆而平正，全體放鬆，胸部微內含，目平視正前方（圖1−1）。

兩腿微屈半蹲，同時，兩手上提，抱於臍前，右手在上，左手在下，均成手心向上的陽掌。目視正前方（圖1−2）。

【要　領】

①身體要正直，不可前俯後仰，收臀提肛，空胸實腹，舌抵上齶；

②兩手向上捧起時，丹田須有抱勁，兩手要有向上的托勁。

（2）繼上動，左足向前進一步。同時，兩手向上、向前捧出，高與口齊，形如「白猿獻果」之勢。右足隨之跟進半步，與左足前後相距約2分米（六七寸）。目視正前方（圖1−3）。

圖1−1

圖1−2

【注 意】

雙手捧出之後，兩臂宜保持似曲非曲，似直非直；兩小臂要有向前的撐勁，兩肘要有向下的沉勁，兩肩要鬆而垂，兩膀要聚而合，兩膊（即肩胛骨）要催而按，含胸拔背，收臀坐胯，塌腰提胸（即「重樓」），頭要中正，不可超越過左膝，百會穴要向上虛領，天庭要向前頂勁，項宜直豎，頦宜微收。

2. 黑虎伸腰定乾坤

（1）接上動，右足向後退半步，左足也隨之向後收半步，兩足仍相距約2分米（六七寸）。同時，兩手向左右平分，形如八卦掌中之「平托掌」，手心向上，均為陽掌，高與肩齊。目視前方（圖1－4）。

【要 領】

①兩上肢要內含開勁，兩肘須有沉勁；

②小臂之勁主於橈骨之上；

圖1－3　　　　　圖1－4

③兩足後實前虛，右重左輕；

④頭要中正，身不可左歪右斜。

（2）接上動，左足復向前方進一步，右足隨之也跟進一步，與左足仍相距約2分米（六七寸），成前實後虛，左重右輕之步。同時，兩手由兩側向內收合，收至胸前時，與左足一齊向前推出，其形如「虎撲」，兩手心向前，兩大拇指相接，高與胸齊。目視兩手之間（圖1－5）。

圖1－5

【要　領】

①左右上肢勁力宜均，不可偏重；

②兩肘須有沉合之勁；

③肩宜平而下沉，膀宜聚而合勁，膊宜催而按，腰宜挺而塌（即發勁之時腰宜挺，定勢之後腰宜塌，僅在瞬間）；

④頭正項豎，下頦微收。

3. 翻沙向前走一步

（1）右足先向後退一步，然後左足也隨之向後退一步，兩足相距約2分米（六七寸）。同時，兩手下落，收至臍前（收時由掌變拳），成拳心向下的陰拳，兩拇指的第二關節相接。目視正前方（圖1－6）。

【要　領】

手足要相合，拳要攥緊，身體要中正。

（2）繼上動，左足稍向左前方進半步，右足隨之向右前方進一步，與左足平行，寬與肩同。同時，兩手外旋，由拳變掌，按於胸前，十指相對，相距一拳之遠。目視正前方（圖1−7）。

【要　領】

兩腿宜微屈，頭身須中正不偏，兩手外旋上翻時，須有開勁和托勁，至胸前內旋下按時須有合勁。

4. 平心靜息氣自勻

兩足不動，兩手隨呼氣時下按至臍前，掌心向下，十指相對。目仍平視正前方（圖1−8）。

【要　領】

①兩手下按時，氣要隨之而沉於丹田華池之中；

②胸部宜鬆不宜緊，宜含而不宜挺。

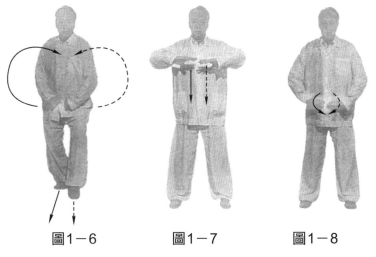

圖1−6　　　　　圖1−7　　　　　圖1−8

5. 翻轉陰陽丹田起

待平心靜息、氣沉丹田之後，兩手由陰掌外旋，變為陽掌，右手在上，左手在下，仰托於臍前。丹田之氣，隨兩手翻轉時，由下向後向上再向前複再向下翻轉一周（謂之翻轉丹田）。同時，兩腿微向下屈蹲。目平視正前方（圖1—9）。

【要　領】

①丹田之氣的翻轉，全在於意念、意識的導引，初學者切不可強行以力助之；

②丹田之氣由下向後、向上翻起時（高不過心），穀道宜向內提吸；

③當氣由上向前、向下降落時，穀道宜緩緩放鬆；

④兩腿下蹲時，尾閭須向內收，忌向外突；

⑤空胸實腹，氣抱丹田；

⑥兩肘既要有向下的沉勁，又要有向外的撐勁。

6. 獅子張嘴空前胸

右足以踵為軸，足尖向內移扣45°，身體重心也隨之移至右足；然後左足向前進半步，成後重（七分）前輕（三分）的三體步，上體隨之向左旋轉45°。同時，左手由下向前、向上托起，虎口半面向左，半面向前，高與肩齊，成陽掌；右手也由下向上托起，至胸前時向內旋轉成陰掌，形似八卦掌中之「獅子大張嘴」。目視左手（圖1—10）。

【要　領】

①左手須有上托之勁，右手須有下按之勁，使兩手上

下成為合勁；

②塌腰坐胯，含胸拔背，氣抱丹田，全體勁力合一。

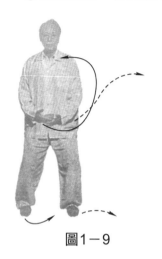 

圖1－9　　　　　　　　　圖1－10

7. 白虎吞風緊根式

（1）繼上動，右足不動，左足收至右足前約2分米（六七寸）處，前足掌著地。同時，左手收回至胸前，置於右手內側，與右手呈十字交叉。目仍平視前方（圖1－11）。

（2）左足復向前進半步。同時，兩手由掌變拳下落，左拳落於左膝之上，拳眼向裡，小指一側向前，肘尖微向前突；右拳落於臍前，拳心向下。目視前方（圖1－12）。

【要　領】

①十字手須有二蟒蟠柱之抱勁，兩肘要有沉勁和撐勁；

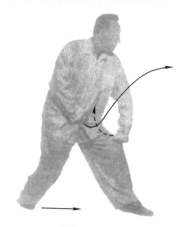

圖1－11　　　　　　　　圖1－12

②左拳向前下方栽出時，肘與膀須有向前之頂勁；

③兩臂勁力宜均；

④收臀坐胯，正項塌腰，身體中正，不可前栽；

⑤手足動作須合力一致，內外合一，爆發抖勁。

8. 出手橫拳定逞雄

左足不動，右足進半步，落於左足之後約2分米處。同時，右拳經胸向前、向上鑽出，高與鼻齊，拳心向上；左拳同時收回，置於臍前。目視右拳（圖1－13）。

【要　領】

①右拳出時須暗含橫裹之勁；

②左足為虛，右足成實，左足宜順，右足為橫；

③頭正項直，不可俯仰。

9. 生出三才天地人

接上動，右足不動，左足向前進步，仍落成順足。

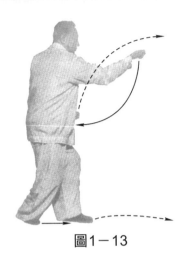

圖1－13　　　　　　　圖1－14

同時，左拳經腹、胸向前鑽起，至胸前與右臂相摩時變掌，循右小臂內側而出，掌心半面向前，手指斜向前上方45°；腕與肩平，肘部微屈下沉，大小臂之間屈成約160°；右拳也隨之變掌，循胸前下落收至臍前，掌心向下，手指斜向左前上方，成三體勢。目經左手食指根節內側而向前平視（圖1－14）。

【要　　領】

①頭正、項豎，兩肩平正，兩膀須垂、扣、合；

②肘要合沉，前臂尺骨要有向前的撐勁和向下的沉勁；

③腕部要有向下的塌勁；

④前手之小田部位要有向前、向下的推勁；

⑤後手之小田部位要有向下的沉塌勁，勁氣應集注於兩手腕部之後側的神門穴；

　　⑥五指宜自然分開，拇指宜微屈，虎口（即食指與拇指之間）須撐圓；

　　⑦前手從橫豎兩方面看去，均須呈現成 45°；

　　⑧前上肢大臂與小臂之間，似曲非曲，似直非直；

　　⑨胸部要含而提，腰部須沉而塌，使胸骨與腰間命門二者形成互拔之勁；

　　⑩兩肩要有橫向互拔之勁，脊椎骨與腰椎要有豎向互拔之勁；

　　⑪兩肋宜鬆而落，胸肋要橫向開而擴；

　　⑫腹部要實，胸部要虛，上虛下實，水重火輕；

　　⑬兩腎宜向後逼；

　　⑭尾閭要中正，臀部要內收，襠部宜圓撐，胯部要相交收合；

　　⑮臀肌在順呼吸時，每當呼氣時收緊；若使用逆呼吸法，則每當吸氣時應相交緊收，是謂「緊撮穀道內中提，明月輝輝頭上飛」通督之良方；

　　⑯後腿的大腿根部之足太陰筋經、髀股及伏兔肌均須向前挺拔；

　　⑰膝蓋骨（髕骨）每於呼氣時須向內、向上提吸，使兩膝關節部暗暗含藏勁力，增大下肢的支撐力量及穩固性能；

　　⑱後足七分勁，前足三分勁；

　　⑲鼻尖、食指尖和腳尖要三尖相對，列成直陣（即從縱向看時，三尖須在一條縱向視線上）；

　　⑳身軀要看陰而有陽，看陽而有陰，似正非正，似斜

非斜（即左式三體勢時，身軀的胸心部應與前進的正前方往右斜 45°；右式三體勢時，身體的胸心部與前進的正前方應向左斜 45°）；

㉑兩肩胛骨每當呼氣時，要有向前、向下的催勁和按勁；

㉒內要做到心與意、意與氣、氣與力之三合；外要做到手與足、肘與膝、肩與胯之三合，以及眼要與手合，頭要與足合，左手與右足、右手與左足相合，左肘與右膝、右肘與左膝相合，左肩與右胯、右肩與左胯相合，等等。

二、商式意拳起勢法

此係商長鎖老師生前四十多年的拳涯實踐中所創立的意拳開勢法。其義有二：

一以簡明實用為主。武術中之技擊手法，愈是簡單愈易收效；反之，愈是繁瑣複雜，運用也就愈感不便。所以說兩顧一打不如一顧一打，一顧一打又不如連顧帶打，打中有顧，顧中有打，方為上乘之法。

二是以此開勢為標立本門拳派，即使同門後人遠隔千里未能相識，但只要一見其開勢，即可知為同門之拳法。

後一層意思雖然包含有舊的分門別派之陋習，然武術一道與戲劇一道相同，門派是客觀存在的，並沒有什麼不妥，更沒有什麼可怕，而真正可怕的倒是故步自封、排斥異己。如果我們能像京劇界的裘派、譚派、梅派那樣，相互取長補短，促進武術事業的發展，豈不是一件好事！

1. 無極勢

兩足平行，與肩同寬，兩臂自然下垂，兩手自然下伸，貼於兩胯之側。頭正項豎，下頦微收，目視前方（圖1－15）。

【要　領】

排除雜念，心平氣靜，全體放鬆。

2. 太極勢

由無極勢左足先進半步，隨之右足跟進半步，落於左足內側，與左足相並而平行。同時，兩手由外向內環繞一小圓，再按於腹前，掌心均向下，十指相對。目視右前方（圖1－16）。

【要　領】

①身體中正，頭領項豎，空胸實腹，氣沉丹田；

②勁氣灌注於掌根；

圖1－15　　　　　　　圖1－16

③鬆肩沉肘，肘尖外撐，鬆開肩井，足掌踏實，五趾抓地；

④兩膝內合，髖骨內吸上提；

⑤提肛收臀，脊骨舒伸，提起精神，內儲勁力。

3. 左包裹勢

由太極勢，右足向右前方進一大步。同時，兩掌變拳，左拳由下而上、由外而內，向右前方橫、裹、滾、擰鑽出，拳心向上，高與口鼻齊；右手握陰拳，拳心向下，仍置於腹前。目視左拳（圖1－17）。

【要　領】

①兩腿成三體步，重心主於後足；

②左手與右手相合，左肘與右膝、左肩與右胯相合；

③腰要有擰勁，肘要有沉勁，拳臂須有滾勁、橫勁與鑽勁，勁力主於左小臂尺骨一側和肘前腕後；

④左拳宜稍鬆而不宜過緊，稍鬆則靈，過緊則僵；

⑤肘沉膊按，兩臂力均，塌腰坐胯，上體中正，不可有前栽之相和左右歪斜之弊。

【用　法】

設敵以右拳擊我面部，我方以進代退，隨進右步踏其中門；同時，出左手以前臂尺骨裹格其右肘，並運用左拳擊其面、鼻、目部。

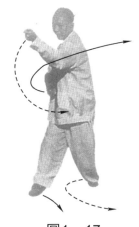

圖1－17

4. 右包裹勢

繼上動，右足不動，左足經右脛處繞弧向左前方進一大步。同時，左拳變掌，並內旋向下扣領，收至臍前復變為陰拳；右拳由下而上、由外而內向左前方橫、裹、滾、撐鑽出，拳心向上，高與口鼻相齊。目視右拳（圖1－18）。

【要　領】

同左包裹勢。

【用　法】

與左包裹勢相同，唯方向及左右手足相反。

5. 雙龍抱柱

右足向右橫跨半步，落成外橫足；左足隨之也退半步，收至右足前約2分米處，前足掌著地，成左虛步。同時，左拳變掌由下而上向內收回，置於胸前右手內側；右拳變掌，微向回收，屈肘橫置於胸前，與左手十字交叉，掌心均向內上方，環抱胸前。目視前方（圖1－19）。

【要　領】

①頭正項豎，中正不偏；
②肩沉而扣，肘沉而合，臂沉而墜；
③重樓宜提，命門宜落，臀尾宜收，中正不偏；
④兩臂如二蟒交纏，腰臂合力。

【用　法】

設如敵近我身，一旦得機，兩臂插其腋下，合力勒抱，使用暴力，足以使敵致命傷殘。

圖1－18

圖1－19

6. 提水勢

右足不動，左足邁進半步，成三體步。同時，兩手變拳下落，左拳向前下方栽出，置於左膝之上，拳眼向內，小指向前，肘尖微前外突；右手下落於臍前，拳心向下。目視前方（圖1－20）。

【要　領】

①左足進步與兩手下落須相合一致，同時動作；

②左拳向前栽出時，須爆發出全體之抖勁；

③左足落步時須有踏勁，膝部要有向前的頂勁；

④肘、膀要有向前的撞勁；

圖1－20

⑤上體不可前栽。

【用　法】

設敵以左拳擊我胸部，我以左手抓其左腕，向右、向下擰按，使敵左臂被擒，負痛而向左歪斜，並敞開其胸，我方同時進左步，以左肩靠打敵胸。

另外，也可用手抓其左腕向下、向前方推領，使其上體右旋，敞開左肋，我方趁勢伏身進足，以肩峰高骨撞擊敵肋。

7. 烏龍出水

接上動，右足進半步，落於左足之後約2分米處。同時，右拳由下向上、向前鑽出，拳心向上，高與鼻齊；左手也同時收至臍前，拳心向下成陰拳。目視右拳（圖1－21）。

【要　領】

①右足成實為橫，左足為虛宜順，右拳拳心上平面應成水準，小指須微向外旋擰；

②膊宜催按，肘宜擰合，肩宜鬆垂；

③右拳右足須同起同落；

④擰腰轉尾，爆發抖勁。

【用　法】

設敵以左拳擊我胸部，我仍可用「提水勢」抓其左臂向下、向左領捊；同時，以寸步

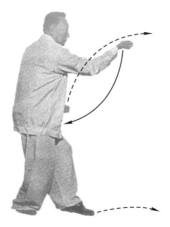

圖1－21

右鑽拳擊敵面部。

8. 三體勢

繼上動，右足不動，左足進半步，仍落成順足，兩足成三體步。左拳變掌經胸前穿於右小臂內側，與右臂相摩，並經右手虎口向前劈出，掌心半面向前，手指斜向前上方45°，手腕與肩同高；右拳變掌下落收至臍前，掌心向下，手指斜向左前方。目由左手食指根節內側透過，平視前方（圖1－22）。

【要　領】

①頭正項豎，下頦微收，百會上領，天庭前頂；

②肩鬆而正，肘沉而合，含胸拔背，氣沉丹田：

③左右兩臂，曲而非曲，直而非直；

④外順內和，吸呼宜勻；

⑤左右肘手，勁力宜均，吸氣宜鬆，呼氣宜撐，吸至湧泉，呼至勞宮；

⑥收臀合胯，塌腰成弓，空胸實腹，氣自暢通。

三體勢分為上、中、下三種，兩足距離、重心落點、鍛鍊目的各不相同，學者可根據自己的身體條件自行選擇。

上架子三體勢主練步法，中架子三體勢主練兩肋，低架子三體勢主練於背，各有所長，也各有所短。所謂短處，

圖1－22

即上架子不經衝，低架子不經壓，中架子雖較二者優越，但又不如低架子吃功大、長功快，所以，年老體弱者宜練高架子三體勢，青壯年宜練中架子三體勢，有一定基礎的可練習大架子（低架子）三體勢。

第二節　劈　拳

劈、崩、鑽、炮、橫是根據金、木、水、火、土五行而創始，又循五行生剋之理而得以五行之變化運用，故取名五行拳。

金、木、水、火、土五行，各配東、南、西、北、中五個方位。如木位於東方（謂之東方甲乙木），火位於南方（謂之南方丙丁火），金位於西方（謂之西方庚辛金），水位於北方（謂之北方壬癸水），土位於四方之中（謂之中央戊己土）。《黃帝內經・金匱真言論》中道：「東風生於春，病在肝（肝屬木，木位於東）；南風生於夏，病在心（心屬火，火位於南）；西風生於秋，病在肺（肺屬金，金位於西）；北風生於冬，病在腎（腎屬水，水位於北）；中央為土，病在脾（脾屬土，土位中央，旺於四季末）。」又云：「東方青色，入通於肝，開竅於目，藏精於肝 …… 其類草木；南方赤色，入通於心，開竅於耳，藏精於心 …… 其類火；中央黃色，入通於脾，開竅於口，藏精於脾…… 其類上；西方白色，入通於肺，開竅於鼻，藏精於肺 …… 其類金；北方黑色，入通於腎，開竅於二陰，藏精於腎 …… 其類水。」五行既有五方、五

位，因此，五行拳也應有上、下、左、右、中及奇、正、立、斜不同方位、不同角度的練法。

就劈拳的練法而言，除分有高架子、中架子和低架子劈拳以外，還有定步、寸步、拗步劈拳和立圓雙劈、斜圓雙劈、單手橫圓、單手斜圓、8字劈拳等多種練法。

從步法上來講，總的分為定步和活步兩種，在活步中又包括三角步、四角步、五星步、七星步，以及龍行雙曲步等多種步法的練習。本書盡將其劈拳的多種練法詳述於後，以供學者參考。

一、立圓劈拳

立圓劈拳，分為單劈、雙劈和上、中、下三種架子的練法，同時又有定步、寸步、活步等多種練法。下面介紹的是定步中架子立圓單手劈拳。

1. 三體勢（圖1－23 以下「三體勢」圖均省略）

2. 雙手抱丹

由三體勢，左足微向回收，置於右足前約2分米處，以足掌虛著地面，重心主於右足。同時，左手向下、向回抓領，收至臍前左側成陰拳（即拳心向下）；右手也同時由掌變拳，拳心向下，置於臍前右側。上體隨之向左旋轉90°，目視前方（圖1－24）。

【要　領】

①前手收回時，須配合吸氣；

②兩手抱丹，拳須緊攢；

③兩小臂須緊緊貼於肋；

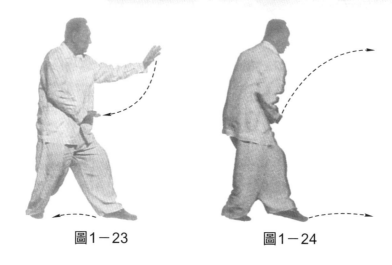

圖1－23　　　　　　　　圖1－24

④肩宜鬆而扣，肘宜沉而合，丹田宜抱氣，尾閭宜內收，蓄其氣而儲其力；

⑤上體中正不偏。

【用　法】

設敵以左拳打來，我方以左手刁領其腕，並向下擰捋、領拽。此法雖非置人於非命之手，但若能使用得當，悟其奧妙，也足以用單手擒法制約敵人。

3. 左墊步鑽拳

接上動，左足復進半步，落成外橫腳（即腳尖向外撇45°，下同）。同時，左拳由下而上，經胸部向前、向上鑽出，拳心向上，高與鼻齊；右手仍在臍前為陰拳。上體隨鑽左拳時向右旋轉90°，目視左拳（圖1－25）。

【要　領】

①左拳鑽出後，拳心部的上平面須成水平，小指一側

向上、向外擰勁；

②上肢勁力應集中在肘前的尺骨；

③重心移至左足，但不可出現前栽之病。

【用　法】

設敵以左拳擊我心部或面部，我以左拳順其左臂外側連顧帶打鑽擊敵面部；另外，左足外橫，膝部屈曲前頂，可用於擒拿敵人下肢，使其根基受控而受制於我。如此法運用得機、得法，並能爆發出寸勁，也足可折其膝關節。

4. **右劈拳**

接上動，右足進一大步，成右三體步。同時，右拳向上鑽起，至心胸前與左肘內側接觸時變為陽掌（即掌心向上，下同），並與左小臂內側相摩，向前抻，再向內旋，經左手虎口向前劈出；左手也由拳變掌，並與右小臂內側相摩，循下弧線收至臍前。上體隨之向左旋轉90°，目經食指根節內側透過，平視前方（圖1－26）。

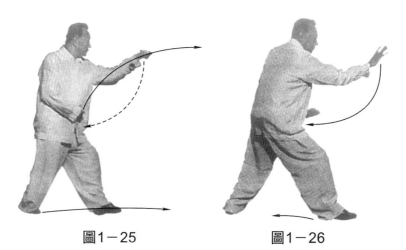

圖1－25　　　　　圖1－26

【要　領】

①手臂相摩，肘肋相摩；

②右手劈出時須循上弧線而出；

③膊宜催按，肩宜鬆沉，膀宜聚合，肘宜沉垂；

④手上之勁力須暗含於神門穴。

【用　法】

劈拳的用法很多，總的來講可分為發、打兩大類。發有上發、下發、前發，即將人拋扔跌出謂之發。然而劈拳之用，是重在打而不在於發，打法中除了基本的八打（上劈、下劈、左劈、右劈、裡劈、外劈、前劈、後劈）以外，又有穿、戳、切、抹、抓、挑、掃、撲、挫、砍、塌、托，以及擒拿、點穴等用法。所以五行拳，前輩有「橫拳為母，劈拳為主」之訓。

5. 雙手抱丹

練法、要領和用法均與前「雙手抱丹」相同（圖1－27）。

6. 右墊步鑽拳

練法、要領和用法均與前「左墊步鑽拳」相同（圖1－28）。

7. 左劈拳

練法、要領和用法均與「右劈拳」相同（圖1－29）。

8. 劈拳回身

由左劈拳右足不動，左足以踵為軸，足尖向內扣110°左右（即與轉身後的前進方向外展45°），使兩足成倒八

字，兩膝內扣，且微屈蹲。同時，左手抓領下落，收至臍前（邊收邊握拳）；右手也同時變拳，兩拳擰翻成半陽拳（即拳心半面向內、半面向上），抱於下丹田處；兩臂、肘、拳須緊貼腹、肋。上體隨之向右後轉90°，目視前方（圖1－30）。

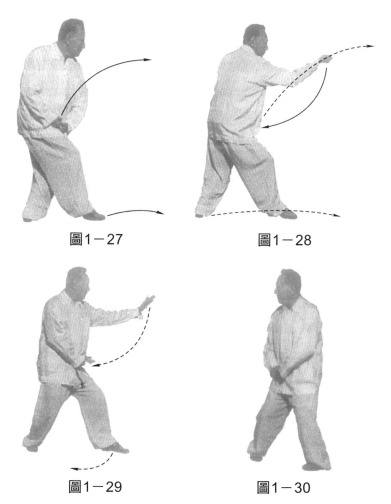

圖1－27　　　　　　　　圖1－28

圖1－29　　　　　　　　圖1－30

【要　領】

①上體旋轉時須保持中正，不可前栽後仰或左右歪斜；

②兩拳緊握，抱於丹田，丹田抱氣，形成外壓按擠、內向外撐之勁，使丹田成實，心胸放鬆，儲氣蓄力，以備後用；

③尾閭收斂，臀肌交夾；

④重心在於左足。

【用　法】

足尖內扣，屈膝扣頂，雖為轉身必循之動作，其實可著意於下肢的擒拿及跪壓。如對方進足踩我中門，我即提足進踩其前足之後，在其正落未落之際，我即以足踏、膝頂之爆發勁力，折其膝關節，或擒拿其下肢。此法如操之純熟，用法得當，足以使敵骨折筋傷而暫失抵抗能力，受制於我。

二、橫圓劈拳

上面「立圓劈拳」主要是練習抓、領、鑽、劈之四法（也即起、鑽、落、翻）。「橫圓劈拳」主要是練習刁、裹、按、斫之四法。刁者，抓也、領也；裹者，合也、包也；按者，引進落空也；斫者，擊也。刁，主要練習手疾眼快，並有擒拿之意；裹，主要練習兩臂內合之勁，並有化解對方來手及顧守自己門戶之作用；按，主要練習抓領之勁，並有引進落空之意；斫，主要練習進攻技擊之手法，也是化刀為掌之用法。

1. **三體勢**
2. **右按手**

由三體勢，左足微向回收，落於右足前約二三分米（七寸）處，足掌著地。同時，左手回領至臍左側，拳心向下；右手仍成掌，下按於左拳之前，拇指向內，四指向左，掌心向下，成內橫陰掌。上體隨之向左旋轉90°，目視前方（圖1－31）。

圖1－31

【要　領】

①足支撐全體要穩，右腿根節須向前挺勁；

②上體要保持正直，腰部須含撐勁；

③丹田抱氣，兩臂肘與肋緊貼相摩；

④左右兩手須有合力；

⑤沉肩豎項，塌腰提胸，鬆肩沉肘；

⑥右腎為實，左腎為虛。

【用　法】

設敵以右拳擊我胸部，我方用左手刁捉其右腕內側，然後外旋擰轉，並向下領；同時，以右手握其後肘向上托起，足以斷其肩膀或肘。如欲制敵於非命，可以右肘爆發之寸勁，點其要穴，定會令敵當即吐血而亡。若以右手虎口衝前抓其右腕，則可與左手、身體合力右旋變成擒拿，斷其右臂或肘。

3. 左裹手

繼上動，左足進半步，落成外橫足。同時，左拳由下而上、由外向裡滾、裹、擰、翻，拳心向內，高與口鼻相齊，小臂與大臂之間的屈曲度不得小於 90°；右手變拳回收，置於臍前，拳心向下。上體隨之向右旋轉 90°，目視左拳（圖 1-32）。

【要　領】

①左臂滾裹時，肘須沉而內合，拳不宜握得過緊；

②上肢勁力應集中暗藏於肘部與尺骨上；

③肘、腰、膝上中下須相合為一。

【用　法】

裹手雖為顧法，然其顧中有打。如敵以右手擊我心胸部，我即以左裹手向右橫格其臂肘，同時以左拳擊敵鼻面；如我右手抓其右腕，左裹手又可向前、向下挫擊其肘，以「張飛鍘草」式斷敵右肘關節。

4. 右橫斫

右足進一大步，成三體勢。同時，右拳變掌，由上而下、而前循外弧向前橫斫，掌心向上，高與頸齊；左手也同時變掌，向下、向左領捋，收至臍前，掌心向下。目視前方（圖 1-33）。

【要　領】

①左手回時要抓、領、擰、捋，右手劈斫時須爆發以寸勁，務須手足同起同落，整齊一致；

②氣血灌注于手少陰心經與手太陽小腸經，勁力集中於手掌之外緣（小指一側）。

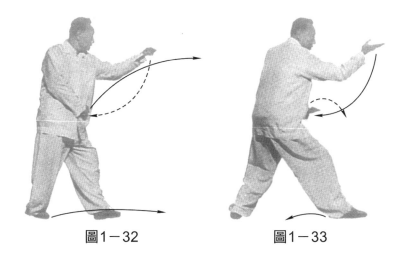

圖1-32   圖1-33

【用 法】

　　這一動是上一動的繼續。設敵以左手擊我心胸部，我方以左裹手橫格其左肘彎處，再內旋抓其肘或臂，並向下、向左領捋；同時出右手橫斫其頸項部，使敵側栽倒地。此法如若運用得當，足以閉敵大動脈，而令敵昏暈休克。

　　5. 左按手

　　練法、要領和用法均與「右按手」相同（圖1-34）。

　　6. 右裹手

　　練法、要領和用法均與「左裹手」相同（圖1-35）。

　　7. 左橫斫

　　練法、要領和用法均與「右橫斫」相同（圖1-36）。

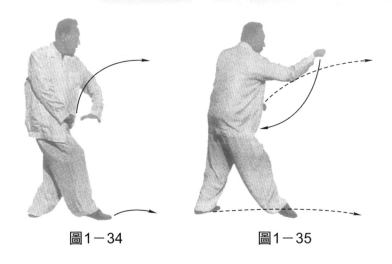

圖1－34　　　　　　　圖1－35

8. 回　身

橫圓劈拳回身法是採用了急轉身的方法，它與定步劈拳回身法截然不同。定步劈拳回身法是慢轉身，是供初學者便於記憶和正確地練習；而快速轉身法，是要體現一個「急」字，就好像老鷹捉兔一樣，起伏轉折要有「鷹轉在急」之速、之快、之急、之猛。急轉身對於技擊運用、顧守防範都具有重要的意義。拳經云：「若遇人多，我便是三搖兩旋」就是針對急轉身而言的。如果轉身稍慢，試想何以應敵多人呢？

其練法是在左橫斫或右橫斫爆發出抖勁的一剎那間，左（或右）足踵落地後，迅速將足尖急轉回扣，同時上體猶如「金雞抖翎」似地向回急轉，右（在前之足）足隨轉身上提至左膝處，左（右）手也同時循上弧線按於胸前，全體以左（或右）足支撐，成金雞獨立勢（圖1－37）。

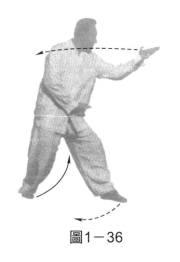

圖1－36　　　　　　　　圖1－37

【要　領】

①龜尾轉抖，塌腰坐胯，虛領頂勁，項豎頭正；

②左（右）足支撐全體要穩，下肢中節、根節須向前挺勁；

③（左）足提起，足尖稍微上蹺，膝要高於襠部，以起到護襠的作用；

④肩沉肘，左右肘手勁力宜均；

⑤身體中正，不偏不倚；氣灌丹田，重心不移。

【用　法】

設我前後受敵，前敵已顧並以橫劈拳斫擊敵人，而背後之敵又擊我頭部、背部或後腰部，我方用「三搖兩旋」之法回身，回身後若近貼敵身時，即可使用提膝擊敵之法。此招若使用得當，也足以致敵於非命。

三、捋手斜圓劈拳

斜圓劈拳分為單手斜劈、雙手斜劈、裡斜劈、外斜劈、裏手斜劈、帶手斜劈、捋手斜劈、拗步斜劈和順步斜劈幾種不同角度、不同手法、不同步法的練法。斜圓劈拳是形意拳中不可缺少的一種練法，它與立圓劈拳正可謂一正一奇、一陽一陰。有正有奇，方能奇正相生，若捨奇而求正，似顯陽過而陰不及，孤陰不生，孤陽不長，故有單一過枯之形；如棄正而求奇，又似有陰過而陽不及，又有捨本求末之虞，惟奇正兼有，陰陽兼備，方為完整無缺。下面介紹的是捋手斜圓單手斜劈拳。

1. **三體勢**
2. **左捋手**

由三體勢，左足微向回收，置於右足前約2分米（六七寸）外，足掌著地。同時，左手下落於左胯之前側，掌心向下成陰掌；右手同時繞外弧線向前、向下、向左助托，高與胸齊，拇指向上，掌心向左，四指向前下方。上體隨之向左旋轉90°，目視前方（圖1－38）。

【要　領】

①左手下落時須有領、捋、按之意，右手助托時須有向左、向下托領之意，左右兩手須上下相合為一個勁；

②提胸塌腰，不偏不倚，務須中正，撐腰合胯，手足相合，內外相合。

【用　法】

設敵以左拳擊我心胸，我即吞身縮體，如蛇吸食，左

手刁捉其腕，向下向左領捋，右手為防止敵人使用熊膀，第一，要有向下 45° 和向左 45° 的領捋之勁，務使敵方難得其勢；第二，兩手須有擰勁，即左手向內旋、右手向外旋，使敵失去重心而無法進膀。

3. 左穿掌

上動不停，左足向前進半步，落成外橫足。同時，右手循內弧線向下、向右領捋，落至右胯前外側，掌心向下；左手循上弧線向上、向前穿戳，掌心向上，四指向前，高與頸齊。上體隨之向右旋轉 90°，目視前手（圖1－39）。

【要 領】

①手要有領、拽、擰、翻之意；前手須有穿、戳、橫、托之勁；

②勁力主要集中於左、右兩手的相合之間，其勁氣主宰於腰，運轉於背，發勁於膊，變化於肘，運用於手。

圖1－38　　　　　圖1－39

【用　法】

設敵以左拗步右衝拳擊我心胸，我方以右手抓其右腕，並向右、向下領捋，使敵進攻落空；同時，進左足踩其左足，使敵完全受制於我。然後我出左手，以四指（或食指）穿戳其眼面，或以掌外沿銼、切、斬擊其頸部。此也劈拳中化刀為掌、化掌為刀之一法。

4. 右斜劈

繼上動，右足進一大步。同時，右手上提，循外、上弧線由上而下，向前劈出，掌心斜向上（即大指一側向右上方，小指一側向左下方，四指向前），高與頸齊；左手循內弧線，經胸前下按於臍前，掌心向下。上體隨之向右旋轉90°，目視前方（圖1－40）。

【要　領】

①右掌至定點時，須爆發出全體之寸勁；

②右手勁力應集中於小指一側的掌外沿上；

③左手回領下按時，肘、臂須與左肋相摩；

④兩足之重心在爆發寸勁時應前重後輕，勁力爆發之後，仍應後重前輕。

【用　法】

右斜劈拳既可作為上動用法的繼續，同時也可以為之單用。繼上動用法

圖1－40

是：如敵右臂既被我擰捋，因疼痛難忍而自向右後旋轉，使其心、胸、面、頸部完全敞開，這時我更以右手斜劈，傷其面部或斷其鎖骨。單用之法是：設敵以左手擊我心胸，我以左手之順手（即虎口向前）抓其左腕，並向下、向左擰捋，隨之以右手斜劈拳斬擊其左頸部。

5. 右捋手

練法、要領和用法均與前「左捋手」相同，唯方向相反（圖1－41）。

6. 右穿掌

練法、要領和用法均與前「左穿掌」相同，唯方向相反（圖1－42）。

7. 左斜劈

練法、要領和用法均與前「右斜劈」相同，唯方向相反（圖1－43）。

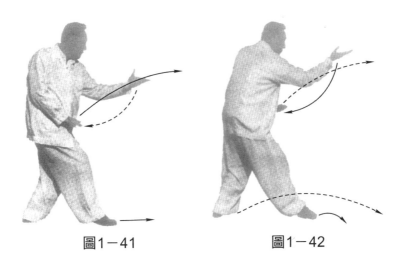

圖1－41　　　　圖1－42

8. 回身法

也取急轉回身法，其練法、要領和用法均與前「橫圓劈拳」回身法相同（圖1-44）。

以上「橫圓劈拳」、「斜圓劈拳」與「立圓劈拳」之步型、步法、前進路線均相同，其轉身之法除急、慢之別以外，回身時取左右回身皆可。

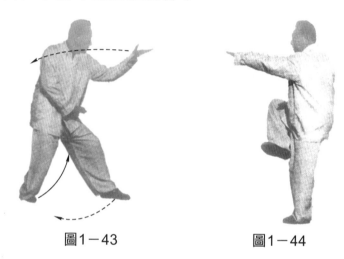

圖1-43   圖1-44

四、拗步斜圓單劈拳（路線圖1-45）

所謂拗步，是指左足與右手同出，右手與左足同出，叫做拗步。所謂斜圓，是指在劈拳的練習過程中，手的進攻路線是循著由外向內、由左側上方（或右側上方）向右側前下方（或左側前下方）劈出的上弧線運動軌跡。單手斜圓劈拳分為外斜圓劈拳和內斜圓劈拳兩種練法。本節介紹的是內斜圓劈拳的練法。

1. 三體勢（圖略）

2. 寸左步滾右拳

由三體勢，左足向左前方進半步，屈膝半蹲；同時，右足隨即提至左足內側，足尖微上蹺，稍離地面。左手也同時下落回收，置於臍前成陰掌；右掌變拳，經腹、胸由下向上、向前、向左橫滾，高與口齊，拳眼向前，拳心向上，小指一側儘量向上、向右旋擰，大臂緊貼胸肋，大小兩臂的屈曲度不得小於 90°。上體隨之向左旋轉 90°，目視前方（圖 1－46）。

【要　領】

①左腿屈膝半蹲，保持上體與三體勢同高，過高則無衝勁與蹬勁，過低則力屈勁憋，且不經壓，故以適度為好；

②腰塌、胯合、膝頂，使下肢支撐全體堅穩；

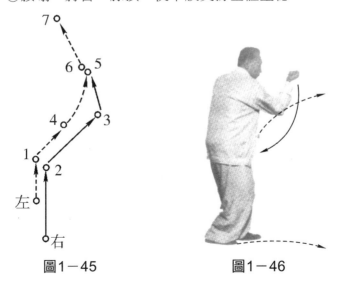

圖1－45　　　　　　　圖1－46

③右拳右臂外旋擰勁，使尺橈二骨交叉（也謂之麻花勁），勁力須集中於前小臂的尺骨上端與肘部；

④上體微向前傾，但不可形成駝背貓腰而使之過度前栽。

【用　法】

設敵進右步以右沖拳擊我心胸部，我以進代退，左足向左移步；同時上鑽右拳，以尺骨向外橫滾、格擊敵右臂之外側，使敵勁力落空，以備下一動進攻。如果此動欲使用打法，其打法在下而不在上，即當我避開並以右臂格開敵右臂的同時，借提右足之機，使用上翹之足尖崩踢其足腕脛骨之盡端，使敵負痛而暫失進攻和防禦能力，並受制於我。

3. 進右步左劈拳

上動不停，右足向右前方進一大步，落成順足；左足隨之跟進半步，落成外橫足。同時，右拳內旋變掌，並向下抹捋，收至臍前成陰掌；左手也由拳變掌，並循左方上弧線向右前方劈出，掌高與肩齊，掌心向右上方，大指一側斜向左上方，四指併攏向前。上體隨之向右旋轉 90°，目視前方（圖1－47）。

【要　領】

①右足進步與劈出左

圖1－47

手、收回右手須動作一致，不可有先有後；

②動作定勢後，必須三尖（鼻尖、手尖、足尖）相對，三尖相對則各盡其妙，相離則各失其效；

③腰部要有撐勁，兩肘要有沉勁；

④左手與右足、左肘與右膝、左肩與右胯須有合勁；

⑤左手劈出時須配合呼氣，虛胸實腹，氣沉丹田，且務須爆發出整體之寸勁。

【用　法】

設敵以右拳擊我頭面部，我方以右手刁捋其右腕或衣袖，向右下方領捋，使其右頸敞開，我方再以左手化刀為掌，斜劈敵右頸部，使敵負痛而失去抵禦能力。

此招也可走其裡側中門擊敵。其用法是：設敵以左拳擊我頭面部，我以右手刁抓其左腕內側（即著手於尺骨一側），並外旋向右、向下撐捋，使敵完全敞開胸懷，復以左掌力劈敵鎖骨、咽喉或頸部。此招若使用得機、得勢，足以使敵喪命或殘疾終身，故在劈拳用法中也為毒手之一。

4. 寸右步鑽左拳

繼上動，右足向右前方進半步，落成順足，並屈膝半蹲；左足隨之提進，置於右足內側，足尖上翹，微離地面，足掌與地面平行。同時，左手內旋下落至臍前時變拳，復經胸前向上、向前鑽出，大小臂之屈曲度不得小於90°，拳眼向前，拳心向左，高與口鼻相齊，大臂與胸肋緊貼；右手仍于臍前握成陰拳。上體隨之向右稍微撐旋，使側身向著左前方，目視前方（圖1-48）。

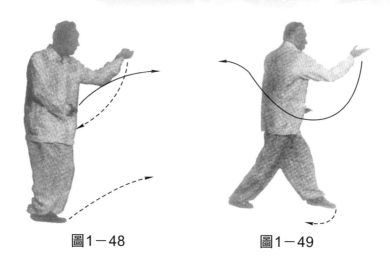

圖1－48　　　　　　　圖1－49

練法、要領和用法均與「寸左步滾右拳」相同。

5. 進左步右劈拳

練法、要領和用法均與「進右步左劈拳」相同（圖1－49）。

6. 回　身

繼上動，左足循外弧線向右扣步，落於右足之前，兩足成倒八字步。同時，右手循外弧線下落，至臍前時復經胸前鑽起，拳眼向前，拳心微向右，高與口鼻相齊；左手仍于臍前握成陰拳。上體隨之向右後旋轉約180°，目視右前方（圖1－50）。

圖1－50

【要　領】

①轉身要快，換步要靈，左足支撐要穩，右足提離地面後足掌須與地面平行；

②坐胯撐腰，收臀提膝，氣沉丹田，重心下移；

③尺橈二骨相疊交叉，勁力主在橈骨一側；

④上體微伏吞身，不可偏倚，更不可駝背貓腰或呈前栽之相。

【用　法】

①設敵從正面擊來，我可在彼正動未動之時，將左足扣回，待敵之拳落空之後（此為閃法），我即起右足，以後足蹬其腰部。

②設敵從右側擊我頭面部，在其前足正落未落之際，我用左足勾掛掃切敵足踝、足腕處；同時用右手攔截其拳，使敵側跌摔倒。

③設敵從後側擊來，我可用扣步閃身之法避其鋒芒，使敵進攻落空，隨轉身時用右手刁其前腕或衣袖，然後用足打，或用左手進攻，皆可達到制敵的目的。

總之，轉身要輕靈，落步要穩健，是禦敵多人之技，也謂：「若遇人多，我便是三搖兩旋」之法。

五、順步正圓雙劈拳（路線圖 1－51）

1. 三體勢（圖略）

2. 熊形出洞（左）

（1）由三體勢，左足收回，置於右足之前，足踵微離地面。同時，兩掌變拳，左手下落，收至臍前，兩拳眼

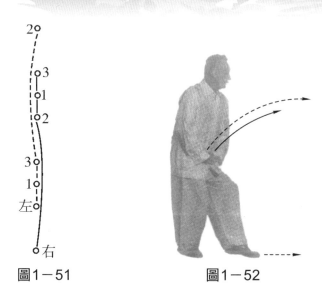

圖1−51　　　　　　　　圖1−52

相對，抱於臍前成陰拳，目視前方（圖1−52）。

【要　領】

①左足收回，屈膝點地；右足屈膝，支撐全體；

②上體須與三體勢同高；

③左手下落收回至臍前時，須配合呼氣；兩掌變拳後，須儘量攥緊；

④右小臂須緊緊與腹肋相貼、相摩，使兩臂向內壓，丹田向外撐，形成內外相逼的爭衡之勁；

⑤身體中正，勿使偏倚。

【用　法】

此動實為儲勁蓄力準備之勢，若言其用，唯左手抓敵腕之後，向下引領、擰捋，控制對方後，再換招進攻。

（2）繼上動，左足復向前進半步，落成45°外橫足。

同時，兩拳向上經心胸鑽起，左拳拳心微向左，拳眼向前，高與口齊；右拳拳心向右後上方，置於左肘內上方。目視前方（圖1－53）。

圖1－53

【要　領】

①拳上鑽時，上體須微向右旋，旋轉角度約45°左右；

②兩拳隨上體向右旋轉時上鑽，左臂勁力在於肘部與橈骨，右臂勁力在於肘部與尺骨；

③沉肩豎項，聚膀按膆，兩大臂內側均須與左右胸肋緊貼相摩，含蓄全體之勁力；

④前足進時須有踩意，後足撐時須有蹬勁；

⑤氣沉後腰，有逼腎之意，塌腰提肛，儲勁蓄氣，上提大椎，含而不宣，以備待發。

【用　法】

設敵以左拳擊我胸部，我則以此式顧之；若敵以右拳擊我胸部，我則以右式顧之。總之，身以滾而進，手以滾而入，是橫不見橫，橫於滾鑽之中，故其用法主於顧守與克破對方，乃「先打顧法後打人，便身是法」之道。

3. 右雙劈

上動不停，右足進一大步，屈膝半蹲成三體步。同時，兩手由拳變掌，循上弧線向前劈出，右手在前、在

上，左手在後、在下，右手高與肩齊，左手高與心齊。目
視右手（圖1－54）。

【要　領】

①右足落地時須有踏勁，左足須有蹬勁；

②兩手劈出時均須向內旋轉拳臂；

③肩垂肘，聚膀按膊，兩肘合勁，兩臂滾勁；

④體向左旋轉時，須擰腰抖尾，爆發出合體之整勁。

【用　法】

設敵左臂已被我封顧，我隨即進右步以左手滾壓其小
臂，同時以右臂挫動、滾壓其大臂，然後上下左右內外相
合為一，齊向前攻，將敵拋出。再者，當我將敵左臂封死
之後，可以用左手塌心、右手點其頸項要穴，以制敵於非
命。

4. 熊形出洞（右）

兩手下落，抱於臍前，拳眼相對，拳心向下，兩拳、
兩臂緊貼臍腹。同時，右足收至左足前約2分米（六七
寸）處，足掌著地；上體向右旋轉90°，目視前方（圖1－
55）。

練法、要領和用法與「熊形出洞（左）」相同。

5. 左雙劈

練法、要領和用法均與「右雙劈」相同（圖1－
56）。

6. 回　身

由左劈拳始，左足以踵為軸，足尖向內扣回；右足隨
即外旋成順，收至左足前約2分米（六七寸）處，足掌著

地，上體向右後轉身180°。同時，兩手收至臍前，變為陰拳。目視前方（圖1－57）。

　　然後右足復進半步，落成外橫足。同時，兩拳向上鑽起，成熊形出洞右式。左足再進一大步。兩拳變掌劈出，成左雙劈。

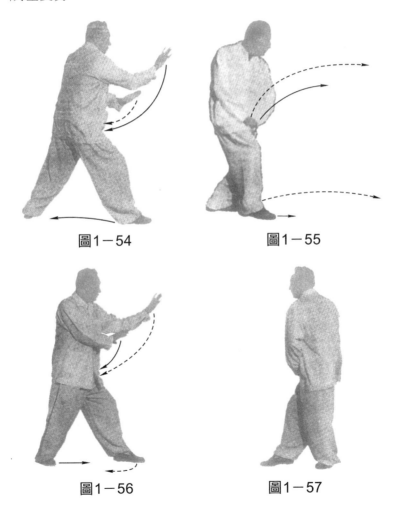

圖1－54　　　　　　　　圖1－55

圖1－56　　　　　　　　圖1－57

六、拗步斜圓雙劈拳（路線圖１－58）

　　雙手劈拳，練法上又分為正雙劈（立圓）、外雙劈（斜圓）、裡雙劈（斜圓）、順步雙劈和拗步雙劈等幾種不同步型、不同手法、不同角度的練法。從其用法上來講，雙手劈拳不僅有單顧單打（即左顧右打、右顧左打）的攻防含義，而且更有雙顧雙打的技擊作用。且單與雙是對立而又統一的兩個方面，是相互依賴而共存的，因此說無單則難成其雙。

　　這雖然是從字、義上的相互關係而言，但在武術的實際技擊中同樣單打與雙打是不可分割的兩個方面，如果離開單打單顧，又何有其雙打雙顧。

　　下面介紹的是雙手拗步斜劈拳。

1. 三體勢（圖略）

2. 熊形雙抱拳（右）

　　由三體勢，左足向左前方墊進半步，仍為順足，屈膝半蹲；右足隨即跟進半步，提于左足內側，微離地面，足尖上翹。同時，左手循內弧線下落，收於臍前，再經腹、胸向上鑽起，置於右肘內側，拳心半面向左、半面向內，成為暗藏之手；右手變拳，由下向上鑽起，屈肘置於胸前，拳心向內，拳眼向右前方，高與口齊。上體隨之向右旋轉90°，目視前方（圖１－59）。

【要　領】

　　①頭正項豎，空胸實腹，氣沉丹田，重心下降；

　　②左足支撐，全體要穩，腰部須有擰勁；

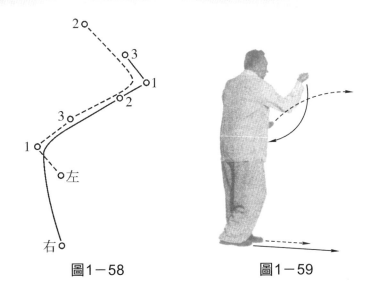

圖1-58　　　　　　圖1-59

③收臀塌腰，合襠束胯；

④左大臂須與左側胸肌貼緊，右大臂須與右側胸肌貼緊；

⑤鬆肩沉肘，儲氣蓄力，含勁待發。

【用　法】

此招為顧法。設敵以右拳擊我心胸部，我在其發拳的同時，進左步跟右步（走其旁門），以閃開其拳擊；同時以右臂上鑽與外旋（略帶有橫勁，但不可越離中線）格貼其右肘外側，以待變招進攻。

3. **左雙劈**

上動不停，右足向右前方進一步，隨之左足跟進半步。同時，兩手變掌，循上弧線向右前方劈出，右手落於心前成陰掌，左手落於胸前成半陰半陽掌，手高與頸部相

齊。上體隨之向右旋轉 90°，目視前方（圖 1－60）。

【要　領】

①兩手劈出時，須隨上體旋轉腰部的擰勁和尾閭的急劇轉抖，以爆發出全體合一的整勁；

②肩須沉而扣，肘須垂而合，膊須催而按；

③右手之勁須聚於掌根外側的小田上，左手之勁應聚於掌外沿上。

【用　法】

繼上動，以右臂貼格於敵右肘外側之後，急進右足，直踩其中門；同時以右臂下壓、外滾其臂，右手順而下捋敵右臂；同時，左掌化刀，劈斬其頸部，或以點穴之法閉其頸部大靜脈。

若敵欲解脫我方控制，退步後撤時，我可順其退時，左手內旋下落，搬摟其右肘內側，同時右手以塌心掌猛擊敵心部，或用點穴法閉其要穴，然後再用掌塌其華蓋，或

圖1－60

圖1－61

以肘擊敵心位。

　　以上用法，重在狠、毒、快，貴在近身，使用寸、鑽、蹴之法，如蛇吸食，制敵於股掌之上，斃敵於足膝之下。此法甚為狠毒，非敵決不可輕用。

4. 熊形雙抱拳（左）

　　練法、要領和用法均與前「熊形雙抱拳（右）」相同，唯方向相反（圖1－61）。

5. 右雙劈

　　練法、要領和用法均與前「左雙劈」相同，唯方向相反（圖1－62）。

6. 回　身

　　繼上動，左足循外弧線扣回至右足前，與右足成丁字步（或稱子午步）。同時，上體向右後旋轉約180°，右手隨轉體時內旋下落，置於臍前成陰掌；左手也同時隨轉體時繞上弧線按於右胸前成陰掌。目視前方（圖1－63）。

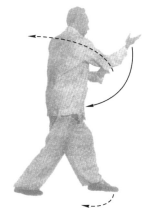

圖1－62　　　　　　　圖1－63

回身後右足向前邁進，左手下按於臍前，右手向前劈出，成右劈拳，然後再按左抱拳、左雙劈、右抱拳、右雙劈的練法繼續往下練。

【要　領】

①手的運轉要與左足的扣步同起同落，動作一致；

②肩須鬆而扣，腰部要撐而塌，兩膀勁力須相合，兩肘要下垂沉勁；

③胯扣膝，足抓掌踏；

④頭正項豎，不前栽後仰、左右歪斜，重心偏於左足。

【用　法】

下肢的用法主要有：扣、咬、跪、頂；足的用法主要有：掃、切、勾、掛、踩、踏、撩、崩。如在轉身時，對前面或右前方之敵人的下肢，我可利用左足回扣時的運行之便，對其施以掃、切、勾、崩等。另外左足在落足時也可對敵施以踩、踏、頂、跪；右足的用法是，可在我轉身扣步時對側面之敵施以掛、撩，或在進步時對前方敵人施以踩、踏。再者，如果我左足在扣步時踩住敵人之左（或右）足，這時也可以用轉身進體對敵施以擠、靠、撞。

上肢的用法主要有刁領、擒拿、撲面掌，以及背挎、摔打等法。

如右側之敵以右拳擊我頭部，我借扣步右旋之勢，用右手刁領其右腕，向下擰領；同時，以左小臂挫擊敵右肘部位，使其斷肘。

如前方敵人以右拳擊我心胸，我則以右手刁其腕部

內側，並抓領擰拽，同時借轉身勁靠打敵肘部，也足以斷
其肘關節；或以左抓擰敵右腕向我右上方領捋，並趁勢回
扣左足，背向敵身，將其右臂置於我方左肩之上，同時伏
身、撅臀，將敵以背法摔出。

　　如敵從後面擊我腰部，我以扣步回身之法避其鋒
利，並以右手向下格開敵拳，同時以左手撲戳敵面，傷其
五官或面部要穴。

七、8字劈拳（路線圖1－64）

　　8字劈拳雖然稱其為「劈」，但在實際練習中並沒有
劈的動作，然而它卻屬於劈拳的範疇，
所以稱之為劈拳。

　　8字劈拳，主要講的是兩手在一出
一入中，都循著一個「8」字的曲線在
運動，它雖然沒有劈的動作，但卻包含
著劈拳中的擒拿、扣領、封閉、柔化等
技能。同時8字劈拳是活步運動，總是
當一足著地成即時，另一足已在運行之
中，因此在練習時要做到身似游龍，形
如滾浪，一波未息，一波又生，滔滔不
絕，往來無滯，身靈步活，如環無端。

　　此拳長久練習，不僅有化滯為靈、
易拙為巧之效，而且有「以巧破千斤」
之妙用。

圖1－64

1. 三體勢（圖略）

2. 左提領右按手

由三體勢，右足先向右
後方退半步，左足隨之也退
半步，前足掌著地，足踵微
離地面，收於距右足約 2 分
米處。同時，左手循「S」
形曲線收至臍前，虎口向
前，四指向下，成倒立掌；
右手循上弧線並與左手上側

圖1－65

相摩，按至左手之前成陰掌，大拇指向內，四指向左。上
體隨之向左旋轉 90°，目視前方（圖 1－65）。

【要　領】

①當左手循「S」形向前開始運動時，即由陰掌變倒
立掌（即大指向前，四指向下，掌心向右）；當繼續向
右、向前運動時，左手仍為倒立掌；當左手繼續沿「S」
形向內翻轉時，由倒立掌變為陰掌；

②頭正身直，不可前栽後仰和左右歪斜；

③氣沉丹田，重心下移，收臀合胯，重心主於右足。

【用　法】

設敵以右拳擊我腹部時，我用右手虎口叉其左腕及小
臂外側，向右橫托，此為「S」形開始之用，足以化解對
方衝勁和破解其進擊為主。當沿著「S」形繼續向前運行
時，右手仍成倒掌（或稱倒八字掌），仍以虎口叉其腕
部向前、向右推領；當右手叉其右腕至對方身體胸部左側

時，我可借小指、無名指屈回之勁，抓其胸部衣服，將敵右臂扣死於胸前，同時以掤手將其拋出。若敵含胸逃脫，我又未能抓住其衣服，借敵向後撤之時，我仍抓其腕向左翻扣，並向下擰，也足可使敵受制於我。

拳經云：「先打顧法後打人，遍身是法。」就是說只要能將對方之來勁卸掉，並控制於我方股掌之中，令敵欲進不能，欲逃不得，完全喪失進攻能力，又何愁不能制敵於死地呢！

3. 左墊步封掌

上動不停，左足向前墊步，落成外橫足。同時，左手由右手之上循「8」字曲線向前推出，虎口向前，高與心齊。上體隨之向右旋轉 90°，目視前方（圖1－66）。

【要　領】

①左手與左足應同起同落，左手勁力應集中於虎口之上；

②肩鬆、膀撐、膊按、肘沉；

③左右兩手力須均衡；

④鼻尖、大拇指尖與左足尖須三尖相對；

⑤左手在循「8」字運行時，身、心、意與雙目均應隨手而轉動，勿使其偏離中線。

圖1－66

【用　法】

除上面所講的用法以外，還可用于單手擒拿。即敵左腕被我控制，這時左手可抓其左腕向右擰翻，使敵仰身向左趔勁。如果此招用時猛烈，足以使敵肘、肩關節嚴重損傷或斷裂；如果這時再用右手抓擰其左腕，同時左手移至其左肘向上托起，左右兩手形成一上一下之合勁，無疑會起到斷其左臂的效果；若同時再進左肘，直點其要穴，則可使敵當場死於非命。

4. 進右步封掌

上動不停，右足向前進一步，落為順足，成三體步。同時，右手循「S」形曲線，經左手之上向前推出，成倒立掌，高與胸齊；左手在右手推出的同時，由倒立掌內旋變成陰掌，並循「S」形曲線收至臍前。上體隨之向左旋轉90°，目視前方（圖1－67）。

【要　領】

兩手一出一入，自始至終都要保持柔中含剛的纏絲勁，無停無滯，生生不息，如環無端，形似流水，又似翻浪。其餘皆與前圖1－66相同，唯左右方向相反而已。

【用　法】

與前「左墊步封掌」相同。

5. 右提領左按手

練法、要領和用法與前「左提領右按手」相同（圖1－68）。

6. 進左步封掌

練法、要領和用法與前「進右步封掌」相同（圖1－

69）。

7. 回　身

　　繼上動，左足循外弧線扣回至右足之前，成丁字步。同時，左手隨右足扣回時循外弧線按在胸前成陰掌，右手仍置於臍前成陰掌。上體隨之向右後方旋轉約 90° 左右，目視右前方（圖 1－70）。

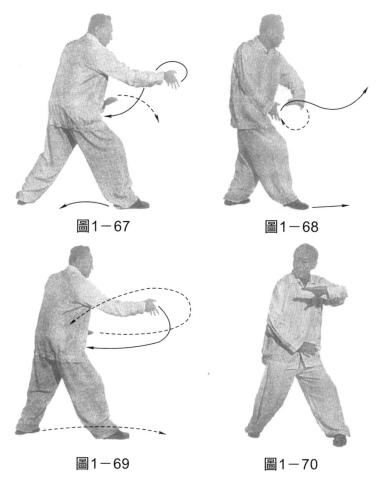

圖1－67　　　　　　　　圖1－68

圖1－69　　　　　　　　圖1－70

【要　領】

頭直項豎，身體中正，肩合肘沉，腰部撐勁，兩足扣勁，兩膝合勁，氣沉丹田，重心下移。

【用　法】

設敵從後面擊我腰部，我扣左足以避閃其鋒芒，再進右足以右手循「S」線抓扣其手腕，然後再進招擊之。

如敵從我右前方擊我心胸部，我則扣左足於敵人前足踵之後，並以膝關節猛擊敵之膝關節；同時用左手叉其前小臂，並以左肘點擊其要穴。

如敵從後面擊我頭部，我用扣步轉身法閃避其進攻，使敵來勁落空，我急提右足蹬其陰腹部，同時也可以用右手掃抹其「日月」。

八、反臂劈拳（路線圖1－71）

以上介紹的各種劈拳係化刀為掌、以掌為拳的練法。在這一節中所介紹的反臂劈拳，乃是以拳為拳、以拳代掌的練法。

以拳為拳其要義在砸而不在劈，在點而不在砍。在步型上有七星步，在步法上則有活步、閃步、咬步等練法，所以常練此拳、此步，不但可以易拙為巧、化滯為靈，使身靈步活、進退自如，而且運用簡捷、省力，有事半功倍之妙。

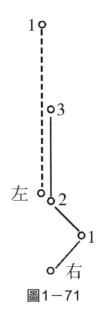

圖1－71

1. 三體勢（圖略）
2. 右閃步右反臂拳

由三體勢，右足（後足）向右後方退半步（或向右前方進半步也可）。同時，右手變拳，並向內旋裹，反臂下砸，拳心向上，高與胸齊。目視前方（圖1-72）。

圖1-72

【要　領】

①右足（後足）向右前方或右後方移步，在練習時均須互相穿插練習，不可任廢其一；

②或進或退，上體均須與三體勢保持同高，不可忽高忽低；

③左臂向回裹時，意在以肘為手，勁在尺骨上端及肘部；

④拳外旋下砸時，其意在四指根節之點勁，拳形有二：一為自然拳（必須攥緊）；一為摜拳（可較自然拳鬆些）；

⑤練習此拳時要注意將中節（肘勁）、梢節（拳勁）互易轉換。

【用　法】

①設敵進左步，以左拳擊我頭面或心胸部，我右足向左前方稍進半步，踩其左足；同時以左肘內裹顧敵前臂，向右橫格，當引進敵手落空之後，我急反臂以左拳砸擊敵

面部，也為連打帶顧、顧中有打之一法。

②設敵進右步逼近我身，以右拳擊我心胸部時，我可用右足斜退之法，先避其銳利；同時以左肘內裏顧其來拳，復再反臂下砸，點擊其上肢要穴，使敵右臂因負痛而暫時失去效用，且難以抬舉、轉動。此法雖不能制敵於非命，然上肢要穴一旦被點中，兩上肢已失去一半，則敵不但進攻無力，且顧守也難盡其能，故欲制敵於非命，已在我股掌之中矣。

3. 左反臂拳

上動不停，右足跟進於左足內側（如右足斜退時，左足也跟之斜退，落於右足之前 2 分米處），足掌著地。同時，右拳內旋下落，收至臍前成陰拳；左拳內旋外裏，反臂下砸，拳心向上，高與胸齊。目視前方（圖 1－73）。

【要　領】

①兩腿須屈膝半蹲，與三體勢保持同高；

②左足跟進或跟退，須輕靈而穩健，有如狸貓潛行一般，要無呆無滯，足掌不可蹭擦地面，拖泥帶水；

③左拳內旋下落要有下守顧、格領、掛帶之意；

④右手內旋外裏之勁，應集中於尺骨上端與肘部，意在於滾裏、顧格敵來之拳臂；

⑤右拳反臂下砸，勁須由根節至中節，再由中節至梢節，集中在手，意在砸、點擊敵人上肢要穴或頭面部。

【用　法】

設敵以左拳擊我心胸，我先以左肘、左臂內裏，截其肘與小臂內側，並趁勢內旋變掌（勾手）向下領捋敵左

臂；同時以右拳反臂點擊敵左臂上肢要穴，使敵左臂因被點而痛不能舉，造成左肢暫時「癱瘓」而失去抵禦能力。如我左手之領扽得機、得勢，可用右拳砸點敵頭面部之要穴，令敵立斃當場。

4. 進右步右反臂拳

右足繼續向前邁進一步，落成 45° 之外橫足。同時，上體向左旋轉 90°，兩腿均屈膝半蹲，重心前移至右足。右拳隨右足前進的同時，由上而下並外旋，至胸前時向前反臂砸出，並向裡裹勁，拳心向上，高與胸齊；左拳繞弧線內旋下落，收至臍前成陰掌。目視左拳（圖 1－74）。

【要　領】

①左足進步要靈活無滯，如貓似猿，輕靈穩健，以大腿帶小腿，全在於膝關節之靈活轉動；

②上體在進退或左右旋轉中，須保持平穩而活潑，無僵無滯，轉動靈敏，進退自如；

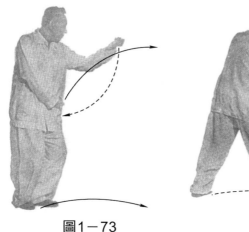

圖1－73　　　　　圖1－74

③兩臂之運動也如兩足、兩腿，要轉動無滯，如環無端，上下左右皆為其圓。

【用　法】

設敵進右步以右拳擊我腹部，我應在其右足正落未落之際，左足以踵為軸，足尖向外旋轉，置於敵右足踵之後；同時以左膝突發寸勁，跪擊其右膝關節，使敵負痛搖而欲倒，或因膝關節受損而不能抵禦。這時再加左拳反臂下砸敵臂之要穴，或敵頭面部，使敵於頃刻之間受制於我。此法如使用得機、得法、得時、得勁，足以重傷其敵。

5. 進左步左反臂拳

緊接上動，左足前進一大步，落成順足，屈膝半蹲，重心在後腿，成三體步。同時，左拳由下而上，至胸前時外旋、內裏，向前、向下砸出，拳心向上，高與胸齊；右拳內旋下落，收至臍前成陰掌。目視前拳（圖1-75）。

【要　領】

①足與右拳須同起同落；

②在右足掌踏地、右拳將至落點之前時，全體須爆發出抖絕之寸勁；

③抽肩調膀，旋胯轉腰，龜尾轉抖，氣自力達。

【用　法】

若敵抽步退逃時，我方乘勝追擊，毫不放鬆，緊接右足進一大步，咬住敵人下肢，隨即左手內旋下落（或帶領，或抓領其臂），令敵失中；同時，右拳外旋，以四指根節突起之高骨狠砸敵臂之要穴及頭面部。

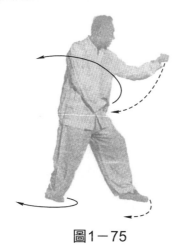

圖1－75　　　　　　　　圖1－76

6. 回　身

反臂劈拳的回身，同樣是採取了快速轉身法。因此，上動不停，在左足落地時，即以足踵為軸，足尖向裡扣回。左手砸拳後仍循外弧線向回收落至臍前，上體急向右後旋轉90°。同時，將右足收提至左足內側，微離地面。不停，右足向前邁進，落成外橫足。右拳由下向上內裹、外旋，再向前砸出（圖1－76）。

九、劈拳收勢法

1. 三體勢

無論練習上述哪一種劈拳，其收勢法皆同於此。當劈拳打至原起勢地點時，按以上各自的轉身法轉身，並恢復原起勢時的三體勢（*左式*），以做收勢之準備（圖1－77）。

　　繼上動，由三體勢，左足收至右足之前約2分米（六七寸）處，以足掌著地。同時，左手外旋變為陽掌，向上托領收回，置於右肩之前，小臂橫屈於胸前，掌心向上，四指向右；右手外旋，由陰變陽，向上托起，置於左肘之前，掌心向上，四指向左，兩小臂互相交叉成十字，左臂在裡，右臂在外。目視前方（圖1－78）。

【要　領】

　　①足收回後，足踵不宜離地過高；

　　②兩腿均須屈膝半蹲，保持與三體勢同高；

　　③收臀，塌腰，含胸，拔背，上虛下實，水重火輕，沉肩垂肘，按膊撐臂；

　　④頭正項直，天庭前頂，下頦回收。

【用　法】

　　兩臂相交十字，有如太極之「掤」的意思；兩臂交叉，又有雙龍抱柱之意。如敵被我抱住後，吐氣發力，緊

圖1－77

圖1－78

束兩臂，令敵窒息。

2. 提水勢

（1）接上動，左足復向前踏進一步，落成順足，兩腿仍屈膝半蹲成三體步。同時，兩手變拳，左拳由右肘內側內旋，並向前、向上栽出，置於左膝之上，拳面向下，拳眼向內，成反臂拳；右拳同時內旋下落，收至臍前，拳心向下，大指根部與臍相貼。目視前方（圖1－79）。

【要領、用法】均與前「提水勢」相同。

（2）上動稍停，左足收回至右足內側，與右足平行併攏，兩腿直立。同時，兩拳變掌，並由下而上循身體兩側向上做弧線形運動，手心向上托起，至兩手與肩同高時，再向內收，置於胸前，掌心向下，十指相對，指高掌低。目視前方（圖1－80）。

【要　領】

①當兩手由兩側向上托起時，兩足踵也須緩緩向上提

圖1－79

圖1－80

起；

②待兩手至胸前時足踵仍應提起；

③兩手上托，意含兩手上托千斤之重物（漸次增加只需用意念）；

④當兩手向回合攏時，須配合吸氣，兩手臂之勁氣須維持現狀，既不增也不減。

【用　法】

設敵以虎形撲擊我胸部時，我可退步，並以兩手下抹，領捋其兩手，使敵撲空前栽，然後吞身伏腰，以頭打擊敵人面部。

3. 還　原

上動不停，兩手繼續徐徐下按，落至下丹田處，十指仍相對，掌心向下，大指向內，成內橫陰掌。同時，兩足踵也徐徐下落。目仍視前方（圖1−81）。

【要　領】

①兩手向下按捺時，須配合呼氣，並以意導氣，使內氣下落時徐徐歸於丹田之中；

②手下按時要有按捺千斤重簧之意，然後兩手再落歸於胯部兩側，成立正姿勢，還原。

圖1−81

結　語

　　劈拳一節，以上僅列舉了八種練法，其實劈拳的練法遠不止上述八種，還有上架子劈拳（也稱高架子劈拳）、大架子劈拳（也稱低架子劈拳）、寸步劈拳、斜圓裡劈拳、斜圓外劈拳、暗勁劈拳（以上八種均屬明勁練法）、化勁劈拳等多種練法。

　　土生萬物，首生其金，以金為拳，金止於劈，故在五行拳中雖言「橫拳為母」，然又以「劈拳為首」。因此，劈拳無論是在練法及運用範圍上，都遠遠超過了其他四拳的變化，況劈、砍、斫、砸、穿、撲、按、抹、掃、切、點、打、撩、領、刁、拿等無所不包，無所不有。

　　劈拳在臟為肺，在氣為上焦之肺氣，故於練習劈拳之中，若能配合呼吸，使肺臟在練習中得到一鬆一緊、一開一合之運動，必對增強肺的功能是有好處的。反之，若挺胸收腹、努氣拙力，使氣血上湧，聚於心胸而不散，久之勢必發生胸滿憋痛、頭暈噁心、耳鳴目赤等病症。況氣聚胸肺，塞滿上焦，又必使心臟為大氣所擠壓，影響心臟的正常活動功能，所以不得不敬告學者引起重視。

　　劈拳屬金，其位於正西，與天干之庚辛相配，故謂西方庚辛金。西方在八卦中為之兌卦，在象為白虎（為四象之一，係由奎、婁、胃、昴、畢、觜、參七星所組成的虎形之象）。

　　西方之金與東方之木相合，謂之「金木併」；青龍與白虎相配合，是謂之龍虎相交；震卦與地支相配為卯，兌

卦與地支相配為酉，故在形意拳《拳經》中云：「朱雀玄武南北分，震龍兌虎各東西。」即言在形意內家拳術中不但要掌握子午周天（又謂之抽坎添離）之氣血循環，同時也要掌握卯酉周天（又謂之金木相併，或龍虎相交）的氣血循環。

在《性命圭旨》中云：「一點金液玉露，自上田落於黃庭，急行卯酉周天以收之，須用真意眸光，從坤臍至乾頂，左升右降四九三十六而定，右升左降四六二十四而定，此即卯酉周天之度數。」

劈拳之主竅為大椎，此乃聚力發勁之點；在軀幹為「任督二脈陰陽一氣之起落運動（即子午周天之循環）」；在上肢，為手少陰心經和手太陽大腸經經脈之運用。雖說劈拳屬金、屬肺，然在其上肢經脈，並非運用的是手太陰肺經，因為手太陰肺經乃是沿上肢內側的天府、俠白、尺澤、孔最、列缺、經渠、太淵至大指根節內側的魚際，終於拇指內端的少商。

若言陰陽相合，其回行經脈又沿著手陽明大腸經的商陽（食指端）、二間、三間、合谷、三里、五里、臂臑、肩髃、巨骨，繼上項部的天鼎、扶突，而止於鼻端異側之迎香穴。這兩條經脈，主行於上肢內外兩側的上廉，所以，假若劈拳運用這兩條經脈，則出手不但沒有了沉肘之勁，而且更難以使氣血、勁力灌注於神門而達於小田（即靠小指一側的掌根部位），因而劈拳在上肢須採用手少陰心經與手太陽小腸經兩條經脈，才能在劈出時發出沉而垂、塌而按的勁力來。

第三節 崩 拳

崩拳在五行之中屬木，木旺於春，其位在東方，故言東方甲乙木。春風東起，大地回春，萬物萌生，為之木旺之時。木有柔韌堅硬之特性，所以在形意拳中將崩拳喻做「其形似箭」，取其箭有穿林透物之意。

崩拳在古老傳統的練法上，除有高、中、低三種不同架勢的練法以外，還有定步和寸步兩種練法，而且是左步永遠在前，右步永遠在後，這種練法可能是由於人體的肝臟位於右肋一側的緣故，是透過帶脈轉動的運動來達到強肝健體的。

但從武術的技擊角度來看，就顯得有些不能隨時適應不同角度、不同步法、不同手法、不同位置和不同尺寸的攻防需要了，所以本節對崩拳的練法，除高、中、低三種不同架子的崩拳以外，主要從各種不同的步法、手法上分別作一些介紹。

步法上主要有定步、寸步、順步、拗步、跨步、過步、箭步等 7 種練法。另外在手法上介紹外纏手、摟手、單崩拳、雙崩拳等不同拳法、掌法的練法。

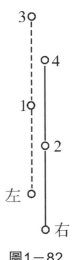

圖1-82

一、定步崩拳（路線圖1-82）

在定步崩拳中，也分上、中、下三

種架勢以及順步、拗步摟手、纏手、托手等幾種練法，下面介紹我們常見的定步、左順步崩拳。

1. 三體勢（圖略）

2. 右崩拳

由三體勢，左足墊進半步，仍落為順足；右足隨即跟進半步，落於左足之後約 2 分米處，仍為外橫足；兩腿屈膝半蹲，重心仍落在右足上（*每當發完勁力之後*）；同時，左手外纏或內摟收回至臍前，右手由掌變拳，並循上弧線再與左手虎口處相摩之後，向前崩出，拳眼向上，成半陰半陽的立拳（*也稱陰陽拳，以下簡稱「立拳」*），高與心齊，拳面與小臂成水平；左手收回時，以掌根及腕關節為軸向左外旋轉纏繞（*或向內纏繞、摟抓、刁領收回*），再向回抓領，收至臍前，成陰拳（*或成陽拳也可*）。上體隨右拳出時向左旋轉 90°，目視右拳（圖 1 - 83）。

【要　領】

①頭正項豎，百會上領，天庭前頂，下頦收回；

②肩要鬆沉，膀宜聚合，膊須催按，肘宜垂墜；

③身要中正，腰須擰勁，胯合腰塌，丹田抱氣，水重火輕；

④左手外纏刁領要與左足墊步同時動作；

⑤出右拳、收左拳，須

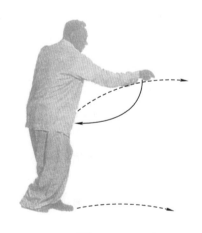

圖 1 - 83

與右足跟進同起同落；

　　⑥右足未落地時，是左足為重心，當右足落地時的一瞬間，不僅應爆發出全體之抖勁，而且重心也應落在右足上；

　　⑦兩手一出一入要相摩，且應遵循中線發出（是謂「兩手不離心」）；

　　⑧兩肘與大臂須與胸肋相摩（是謂「兩肘不離肋」）；

　　⑨右拳打出定勢後，虎口的上平面應與小臂的上平面成水平（即拳眼向前傾斜45°），故使用攢拳為好；

　　⑩在墊步、跟步崩拳中，兩腿均須屈膝半蹲，保持與三體勢同高，禁忌忽高忽低或低頭哈腰、左右歪斜。

【用　法】

　　設敵以右拳擊我心胸，我方則以左小臂之下側（尺骨）攔格其右小臂之上側，待與敵臂相摩粘貼後，再外纏，並向外、向左、向下領捋；同時以右拳擊其心位，或點其心、胸部之要穴，此為中崩拳之用法。若使用上崩拳時，方法同上，唯右手崩拳出手較高，主擊敵頭面部及要穴。若使用下崩拳時，則主擊敵腰、腹部或要穴。

3. 左崩拳

　　繼上動，右足不動（是謂之「定步」），左足向前進一大步，足尖微向裡扣，成三體勢步。同時，左拳循上弧線並經與右拳虎口處相摩後崩出，高與心齊，成立拳，拳眼的上平面與小臂的上平面應成水平；右拳同時變掌，向右外方纏繞刁領，隨再向回收，再復變為拳，落於臍前，成陰拳。上體隨進左足、出右拳時向右旋轉90°，目視左

拳（圖1－84）。

【要　領】

①左拳左足須動作一致；

②左拳出、右拳入，兩手虎口須相摩；

③左臂出、右臂入，肘部、大臂須與胸肋相摩；

④崩左拳、收右拳，須爆發出全體之抖勁；

圖1－84

⑤崩拳擊出後，右足踵不得離開地面或左右扭動（即移位），其餘皆同於前。

【用　法】

我右崩拳打出後，如敵以左手托我右肘或小臂、右腕時，我右拳變掌並向外旋纏繞刁領敵左腕或小臂，再向右擰、向回領捋；同時以左拳擊敵心位或點其腰腹要穴。

如使用上崩拳或下崩拳擊敵時，其用法皆同前說，不再複贅。

4. 回　身

（1）繼上動，左足以踵為軸，足尖內扣90°。同時，左拳變掌隨上體向右後轉身時，循上弧線按於右肩之前，掌心向下，四指斜向上；右拳也同時變掌，並向上穿起，置於左肘處，手背貼在左肘前側成陰掌；兩臂相搭（左臂在內，右臂在外），交叉成十字手。上體同時也向右後轉（圖1－85）。

【要　領】

含胸實腹。

【用　法】

與前起勢之雙龍抱柱相同。

（2）上動不停，右足上提，高與膝齊，足尖稍向右上方勾起，成左獨立步。同時，右拳循上弧線向前鑽出，拳心向上，高與鼻齊；左手抓領下按，置於臍前，握成陰拳。上體隨之向右旋轉90°，目視右拳（圖1－86）。

【要　領】

①左足獨立要穩，身體須中正不偏；

②提右足、收左手、鑽右拳三者須動作一致；

③鼻尖、右足與右拳須三尖相對，不得偏離中線；

④沉肩垂肘，兩手勁力宜均，右拳拳心的上平面須成水平。

圖1－85

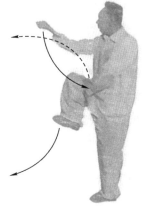

圖1－86

【用　法】

設敵用右拳擊我心胸或左肋部時，我以左手內旋下按，搬摟其臂；同時提右足撩擊其陰部，鑽右拳猛擊其鼻準。

（3）上動稍停，右足以外橫足向前踩進一步，屈膝半蹲；左足以掌為軸，足踵向外擰旋，足踵提起，用足掌外沿支撐，也屈膝半蹲，使兩足尖成同向等度；兩腿相互交叉，成剪子步，上體隨之向右旋轉 90°。同時，右拳變掌內旋，向前、向上撲出，再向下、向回收領，落於臍前，掌心向下；左手也順著右手背相摩而出，並向前、向下撲出，高與鼻齊。目視左手（圖 1－87）。

【要　領】

①右足落踩、左足擰轉、上體右旋、下蹲，要與收右手、出左手動作一致，同時完成；

②剪子步務使兩大腿間夾緊，上身微前伏，但不可超越右足；

③塌腰提膝，重心下移，全體穩固。

【用　法】

此動稱為「狸貓上樹」，主在足蹬手抓。設敵於上動被我擊中，欲急退卻，此時我急落右足，踩住敵之前足，令敵不能退去；同時兩手成爪，如貓上樹、如猿攀杆，以指為鋒，抓撲敵面，傷其二目或面部要穴。

轉身後，即進左足、收左手、崩右拳，繼續如前之法向前打去，至起勢地點時再轉身收勢。

二、寸步崩拳

　　寸步崩拳也稱半步崩拳，是初學者在練好定步崩拳之後的進一步練法。在步法上，總是左足永遠在前，右足永遠跟進，落在左足之後約2分米（六七寸）處；在手法上有摟手、纏手、托手幾種練法。

　　下面介紹的是摟手寸步崩拳。

1. 三體勢（圖略）

2. 右崩拳

　　由三體勢，左足向前墊進一足之遠，右足也隨之跟進半步，落於左足之後約2分米處，左足為順，右足為橫，兩腿屈膝半蹲，重心落於右足。同時，右手變拳，循上弧線經與左手虎口處相摩，而後向前崩出，成立拳，高與心齊；左手向內勾摟，循內弧線收至臍前，拳心向下。上體隨之向左旋轉90°，目視右拳（圖1－88）。

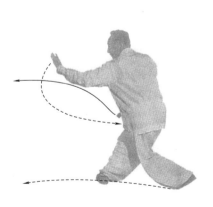 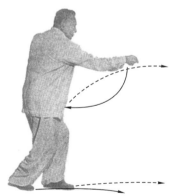

圖1－87　　　　　　　　圖1－88

【要領、用法】均與前「定步右崩拳」相同。

3. 左崩拳

繼上動，左足儘量向前進一大步，右足隨之跟進，落在左足之後約 2 分米處，左足為順，右足為橫，屈膝半蹲，重心落於右足。同時，左拳循上弧線並經與右手虎口處相摩向前崩出，拳眼向上，高與心齊；右拳變掌，內旋向回勾摟，並循內弧線收至臍前，拳心向下。上體隨之向右旋轉 90°，目視前方（圖 1－89）。

【要領、用法】均與前「定步崩拳」中的「左崩拳」相同。

4. 回　身

練法、要領和用法均與前「定步崩拳回身」相同（圖 1－90～圖 1－92）。

圖1－89

圖1－90

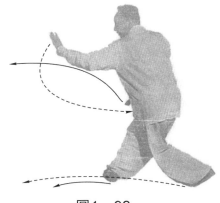

圖1－91　　　　　　　圖1－92

三、順步崩拳

1. 三體勢

2. 順步右崩拳

由三體勢，左足收而復出，向前墊進一足之遠，落成外橫足；右足隨即向右前方進一大步，落成順足；然後左足再跟進半步，落於右足之後約 2 分米處，成外橫足；兩腿屈膝半蹲，重心落在右足上。同時，右手變拳，循上弧線經與左手虎口相摩，向前崩出，拳眼向上，高與心齊；左手內旋向回勾摟，並循內弧線收至腹前，拳心向下。上體隨之向右旋轉90°，目視右拳（圖1－93）。

圖1－93

【要　領】

①左手內旋要與左足墊進同時動作；

②右拳崩出要與右足跟進同時動作；

③定勢後，拳、足、鼻三尖須相對；

④右肘須微屈，不可伸直；

⑤拳的虎口上平面與小臂的上平面應成水平。

【用　法】

設敵以左拳擊我胸部，我可先移動左足，踩敵之前足；同時上體向左旋擰，以避其來拳、卸其勁力，再以左手由上扣抓敵臂、腕，兩腿交叉成剪子步，然後起右足側崩敵腰腹部。若敵之來手已被我扣按住，則可繼續向下、向左領捋；同時進右步、崩右拳擊敵左肋，使敵肋折骨斷，身受重傷。

3. 順步左崩拳

（1）繼上動，右足收而復出，落成外橫足，屈膝半蹲；左足以足掌為軸提踵向左擰轉，使兩腿交叉成剪子步；上體微向右旋轉，身微前傾。同時，右拳變掌，內旋扣按於胸前；左手仍在臍前為陰拳。目視右拳（圖1－94）。

（2）繼上動不停，左足沿內弧線向左前方進一大步，落成順足，兩腿成三體步，重心偏重於右足。同時，左拳循上弧線經與右手虎口處相摩，向前崩出，拳眼向上，拳之上平面與小臂應成水平，高與心齊；右手也隨之向回搬摟抓領，至臍前落定，握成陰拳。目視左拳（圖1－95）。

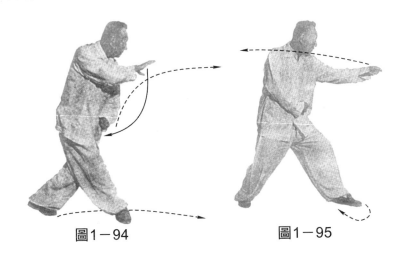

圖1－94　　　　　　　　　圖1－95

【要領、用法】均與前「順步右崩拳」相同。

4. 回　身

繼上動，左足循外弧線扣至右足之前，屈膝半蹲。同時，左手隨身體向右後轉身時循上弧線按至右肩前，掌心向下，四指斜向右前上方，高與肩平。目視右前方（圖1－96）。

【要領、用法】均與前劈拳回身相同。

四、拗步崩拳

1. 三體勢（圖略）

2. 拗步左崩拳

（1）由三體勢，左足

圖1－96

向前寸進一足之遠，落成順足，屈膝半蹲；右足隨之提進，靠於左足踝關節內側，離地寸許，足尖微向上翹，成左獨立步。同時，左手循內弧線收至臍前，握成陰拳；右手循外弧線扣按於前方，掌心向下，高與胸齊。目視前方（圖1－97）。

【要　領】

①左手向右抹及回領時，要與左足寸進協調一致；

②右手扣按要與右足提進協調一致；

③含胸拔背，收臀塌腰，沉肩垂肘，氣沉丹田。

【用　法】

①設敵從我右側前方進右步衝右拳擊我心胸，我方先移左足避其銳利；同時，以左手拍擊敵右肘部；緊接再提右足，以右手扣按敵右臂肘，務將敵手引進落空，是為顧守之一法。

②另外，如果敵來勢較低，攻我腰部時，我借移左步避其銳利之際，以左手下收時勾摟敵拳臂；同時以右手向前直戳敵雙目或咽喉，是為進攻之一法。

（2）繼上動，右足向右前方進一大步，落成順足，屈膝半蹲；左足隨之跟進半步，落成外橫足，成三體步。同時，左拳循上弧線，並經與右手虎口處相摩，向前崩出，拳眼向上，高與心齊，拳臂成水平；右手循內弧線向回勾摟，收至臍前成陰拳。目視左拳（圖1－98）。

【要　領】

①右足提進到左足內側時，足掌應與地面平行，足大趾向上蹺勁；

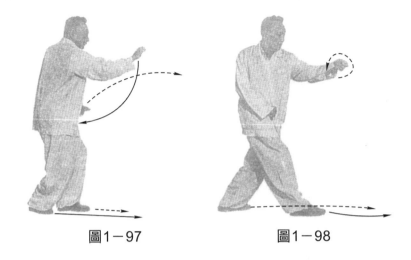

圖1－97　　　　　　圖1－98

②左拳出、右拳入時，兩大臂內側須與胸肋相摩；

③鼻尖、拳尖、足尖務須三尖相對在同一條中心線上；

④收左手時左肘須向後領勁，出右拳時須擰腰、合胯、扣膝、沉肩、垂肘、聚膀，抽肩調膀，龜尾轉抖，爆發出整體之寸勁。

【用　法】

在上動中，我右手將敵右拳扣按以後，向右、向下領捋，使敵身左傾，隨之進右步、崩左拳擊敵右肋部，或點其要穴。

3. 拗步右崩拳

（1）繼上動，右足向前踏進一步，落成順足，屈膝半蹲；左足隨即提進，置於右足踝關節內側，離地寸許，足尖微上翹，成右獨立步。同時，左手變掌內旋扣按於胸

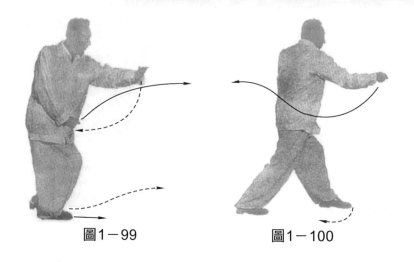

圖1－99　　　　　　　圖1－100

前，掌心向下，高與胸齊；右手仍在臍前成陰拳。目視左
手（圖1－99）。

【要領、用法】均與前「順步左崩拳」相同，唯方
向、左右手足相反。

（2）繼上動不停，左足向左前方進一大步，落成順
足，屈膝半蹲；右足隨之跟進半步，落成外橫足，屈膝半
蹲，兩腿成三體勢。同時，右拳循上弧線經與左手虎口相
摩後向前崩出，拳眼向上，高與心齊，拳臂水平；左手
循內弧線勾摟，收回臍前，拳心向下。目視右拳（圖1－
100）。

4. 回　身

繼上動，左足循外弧線扣回至右足前側，足尖內扣，
屈膝半蹲。同時，右拳變掌，隨身體向右後轉身時向下、
向上、再向前並內旋扣按於胸前，掌心向下，高與胸齊。

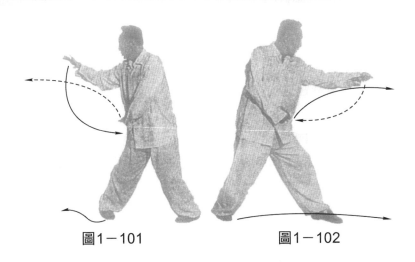

圖1－101　　　　　圖1－102

目視右手（圖1－101）。

【要領、用法】均與前回身法相同。

五、跨步崩拳

1. 三體勢（圖略）

2. 跨步右崩拳

（1）由三體勢，左足向前寸進一足之遠，落成順足，屈膝半蹲。同時，左手外旋刁領，並變為立拳。目視左拳（圖1－102）。

【要　領】

①左手刁領與左足進步須同時動作；

②右手也同時握成陰拳；

③前足踏勁，後足蹬勁。

【用　法】

敵擊我胸部時，我
以左手向外畫小圓刁領
其腕，是為守法。

（2）繼上動不
停，右足向前跨一大
步，落成外橫足；左足
隨即提踵外旋，兩腿交
叉成剪子步，重心主於
右足。同時，左拳內旋
變掌，向回摟領，至臍

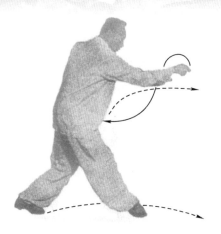

圖1－103

前握成陰拳；右拳循上弧線經與左手虎口處相摩，向前崩
出，拳眼向上，高與胸齊，拳眼上平面與小臂基本上成水
平。上體隨之向左旋轉90°，目視前方（圖1－103）。

【要　領】

①左手回、右手出，須與右足同時動作；

②沉肩垂肘，按膊撐膀，收臀塌腰，不可前栽；

③兩大腿內側須夾緊，以助全身之穩固。

【用　法】

①如上動已刁領敵腕，則向下、向左領、拽、擰、
翻；同時，右足橫踩敵前足，不令其後退或前進，隨之以
右拳擊敵胸部、腋部及其要穴。

②如果上動之手是謂「投石問路」（即虛招），待敵
一動，我即進右步、崩右拳狠擊敵心胸部或腰腹部，也可
點其要穴，令敵跌於當場。

3. 順步左崩拳

繼上動，左足進一大步，右足隨之跟進半步，成三體步。同時，左拳循上弧線經與右手虎口處相摩，然後崩出，拳眼向上，高與心齊；右拳內旋變掌，並循內弧線下落收回，至臍前時仍握成陰拳。上體隨之向右旋轉90°，目視左拳（圖1－104）。

【要領、用法】均與前「寸步崩拳」相同。

4. 回　身

繼上動，左足循外弧線扣落在右足之前。同時，上體向右後旋轉90°，左拳變掌，循上弧線按於胸前，掌心向下，四指斜向右前上方。目視右前方（圖1－105）。

【要領、用法】均與前回身法相同。

圖1－104　　　　　　圖1－105

六、箭步崩拳

1. 三體勢（圖略）

2. 左箭步崩拳

由三體勢，左足向左前方進一足之遠，隨即起右足，以右足內側躍擊左足後踵，兩足凌空同向前躥躍，然後右足先落地，成外橫足；左足向前，相繼落成順足，屈膝半蹲，重心移至右足。同時，右手變拳，循上弧線經與左手虎口處相摩，向前崩出，拳眼向上，高與胸齊；左手變拳內旋，循內弧線下落，收至臍前，拳心向下。上體隨之向左旋轉 90°，目視右手（圖 1－106、圖 1－107）。

【要　領】

①後足碰前足，兩足凌空躍起，要儘量躥躍得越遠越好，但此躥躍並非跳躍，故起足抬腿不宜過高；

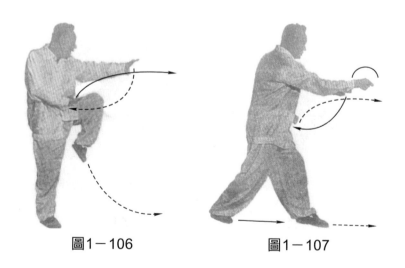

圖1－106　　　　　圖1－107

②右足落地要輕靈穩健，左足再進時要快速敏捷，靈活無滯，盡力向前踏進；

③上體不可前栽後仰、左右歪斜，須保持中正。

【用　法】

此節箭步崩拳與上述崩拳從用法上來講，沒有什麼不同之處，唯區別在於步法上。此種步法，適應於追趕逃跑之敵。如敵已逃出一丈以外，若用尋常步法追敵顯然不足，故踩用箭步（或快步）可在呼吸之間即可躍出丈外，使敵難逃。

3. 順步左崩拳

繼上動，左足向前進半步，落成順足。同時，右拳變掌內旋，向下摟領，收至腹前時成陰拳；左拳循上弧線並與右手虎口處相摩，然後向前崩出。目視前方（圖1－108）。

4. 右箭步崩拳

（1）左足向前踏進一足之遠，右足循內弧線向右前方進一大步。同時，左拳向下收於腹前，右拳變掌，由下向上、向前循外弧線扣按於胸前。目視前方（圖1－109）。

（2）繼上動不停，左足以內側躍擊右足後踵，兩足同時淩空向前躥躍，

圖1－108

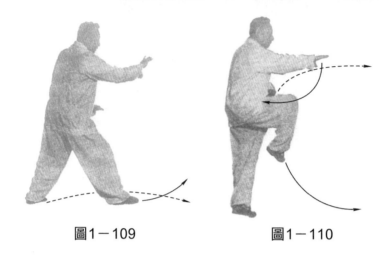

圖1－109　　　　　　　　圖1－110

然後左足先落地，成外橫足；右足繼落，仍為順足，重心
在左足。同時，右手摟領，收至腹前成陰拳；左拳循上弧
線向前崩出，成拗步左崩拳。目視前方（圖1－110、圖
1－111）。

5. 順步右崩拳

繼上動，右足向前踏
進半步，仍落成順足。同
時，左拳變掌向回摟領，
收至腹前成陰拳；右拳循
上弧線並與左手虎口處在
胸前相摩，然後崩出。目
視前方（圖1－112）。

圖1－111

圖1－112　　　　　　　圖1－113

6. 回　身

繼上動，右足向左前方進半步，足尖內扣，兩足成倒八字。同時，右拳收於腹前成陰拳，左拳變掌由下向上、向前循外弧線扣按於胸前（圖1－113）。

七、崩拳收勢

1. 右崩拳

無論哪一種崩拳，其收勢之法皆同於此。當崩拳回身後打至原起勢地點時，即行回身（回身之法，如前所述），並打成右崩拳（圖1－114）。

【要領、用法】同前。

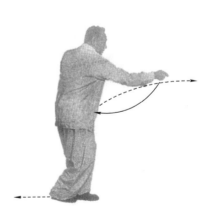

圖1－114

2. 退步崩拳

繼上動，右足先後微退半步，仍落成外橫足，同時重心移至右足；隨即左足退一大步，落成內橫足（即與右足同向等度），以足掌外沿著地，使兩腿互相交叉成剪子步。左拳也同時循上弧線並與右手虎口處相摩後向前崩出，拳眼向上，高與心

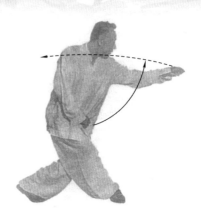

圖1－115

齊；右拳循內弧線下落，收至腹前成陰拳。上體隨之向右旋轉 90°，目視左拳（圖 1－115）。

【要　領】

①兩腿交叉，大腿內側須夾緊，以助下盤之穩固；

②中正不偏，勁力中庸。

【用　法】

設敵逼近我身，既不能不退，又不能大退；不退則難以揚長避短，大退則易被敵攻，難免一敗塗地，故宜偷步而退，令敵難覺，而我則可施展左勢，以右手封敵，以左拳攻其胸、乳、心、腋，或頭面部，是為「進也打，退也打」，雖為之退，實鼓其進也。

3. 雙龍抱柱

繼上動，兩足不動（也可將右足提至左足內踝關節處）。兩手同時齊動，左手變掌，屈肘收至左肩前成陽掌；右手變掌，上托於左小臂外側之前，也成陽掌，兩臂

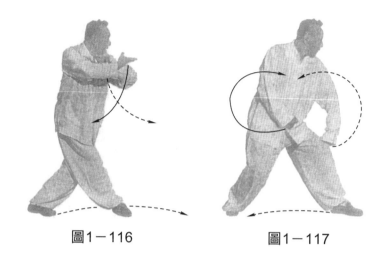

圖1－116　　　　　　　　圖1－117

互相交叉，如蟒如龍纏抱石柱（圖1－116）。

4. 提水勢

上動不停，左足前進一步，屈膝半蹲，兩足成三體步。同時，兩手變拳，一齊向下落，右拳落於臍前，拳心向下；左拳倒栽落至右膝之上側，拳眼向內，拳心向左，左肘微前突，力聚肘膀。目視前方（圖1－117）。

【要領、用法】均與起勢中的「提水勢」完全相同。

5. 還 原

繼上動，左足收至右足內側，與右足平行靠攏。同時，兩拳變掌，外旋向上，由兩側上托，至齊肩時復向內合扣按，至胸前時掌心向下，十指相對。上體隨之直起，兩足踵上提離地。目視前方（圖1－118）。

上動不停，兩手繼續下按至腹，足踵徐徐落地，長呼

圖1－118　　　　　　　　　圖1－119

一口氣（呼氣時要以意送入下丹田），收勢還原（圖1－
119）。

結　語

　　崩拳之所以為崩，乃是取其快速猛烈、突然爆發之
意。如言其形，似如利箭離弦，山崩地裂一般，有無可抗
拒之意。崩拳好似箭在弦上，弓張滿月，一觸即發，崩射
而出，是因崩拳其性屬木，其形如箭，故於崩拳中取木為
箭，取箭為崩，乃是取其箭有穿林透物、一往直前而不返
之意，所以古拳經中有「崩拳似箭，勇猛直前」之訓。

　　崩拳取之於身，屬肝，肝開竅於目，故在中醫學說中
有「目通肝」之說。若學者於練習崩拳之中，不僵不滯，
不使拙力，全身不拘，而是活活潑潑，以意為之，舒展筋
絡，精神內提，鬆沉合度，勁力適中，姿勢正確，呼吸暢

通，配合得法，運動適度，並正確理解和掌握「一氣循環之往來」，則可收到肝舒氣平、調養心神、增進勁力之效益，且無目疾之患，實乃強身健體、益壽延年之良方。反之，若學者不聽師訓，固執己謬，拙力努氣，全身僵滯，拘而不活，姿勢悖逆，必因拳逆氣努而傷肝。況肝主筋而開竅於目，肝傷二目必現昏暈赤花，充血於目，使得河水不清、日月不明，久則必使目傷，同時筋也難伸。

一身之筋皆起於四肢之末梢，循行人身之表，而不入於內臟，它的分佈不僅達於經脈所循之處，而且分佈於經脈所不能到達之處。

筋有十二，分手三陰筋、手三陽筋、足三陰筋、足三陽筋，共為六陽六陰，陰陽合之，共為十二經筋。其中手三陽筋循於上肢外側，而終合於頭部；手三陰筋循於上肢之內側，而合於胸部；足三陽筋循於下肢外側，而合於面部；足三陰筋循於下肢內側，而合於腹部。因此，若崩拳勢逆，使肝傷之，其筋焉有不傷之理。

從方位上講，崩拳屬木，木位丁東方，而旺於二三月，是謂東方甲乙木；在卦屬震，在象為龍，故有「震龍兌虎各東西」之訓，也為卯酉周天之法；在身軀、經絡為之帶脈（屬奇經八脈之一，其位於盤腰一周），是為崩拳主要運行之經脈；在竅為夾脊，是為勁力開竅之位；在上肢經脈，為之手厥陰心包經及手陽明大腸經。手厥陰心包經循上肢內側，故為陰經；手陽明經循上肢外側，故稱之為陽經，一陰一陽，陰陽相合，是為崩拳在上肢經脈、氣血之主要運用（**此乃為「攢拳」之運用**）；若使用「自然

拳」或「棗核拳」時，則經脈之用即有所不同，其運用並非手陽明經，而是手少陽三焦經。這是由於拳型變化（即外形之變化，必然引起內在之變化，同樣會引起經脈之變化），故也不可固執其一。

第四節　鑽　拳

鑽拳在五行之中屬水，水有無孔不入、無空不鑽之特性，所以久練鑽拳，不但可以易拙為巧、化滯為靈，而且足以強腎保命，堅固先天之本，收到延年益壽之目的。

凡每於練習鑽拳之時，務必以意為重，求其內外結合，剛柔相濟，靈活敏捷，快速迅猛。因此，須是出而柔之，擊而剛之，真正做到「柔如繩之繫（即喻為如繩之柔軟、彎曲可行），悍如冰之清（即喻為如爆似炸、清脆俐落、絕無拖泥帶水之弊）」，方能體現出鑽拳之用猶如電閃雷鳴之捷。

鑽拳從架勢上來講，同樣分為上、中、下三種不同高低架勢的練法；從技法上來講，也有上鑽、中鑽、下鑽三種不同尺寸的擊法。鑽拳在上架子中有上、中、下三鑽拳之用；在中架子中也有上、中、下三鑽拳之擊；在下架子中還有上、中、下三鑽拳之打，是謂之「一手分三手，三三合九手」。

在手法上，分為裡鑽、外鑽、沿肘鑽、鑽栽合一等練法；在步法上有順步、拗步、定步、寸步等幾種練法。

下面介紹的是順步按手鑽拳、拗步按手鑽拳、順步沿

肘鑽拳、拗步沿肘鑽拳、活步鑽栽合一等五種練法。

一、順步按手鑽拳

1. 三體勢（圖略）

2. 順步右鑽拳

（1）由三體勢，左足向前墊進半步，屈膝半蹲。同時，左手以腕為軸，向內翻扣於胸前，成內橫陰掌；右手握拳仍在臍前。目視左手（圖1－120）。

【要　領】

①左手扣按與左足墊步須同時動作；

②頭正項豎，鬆肩沉肘，塌腰收臀；

③兩手力均，氣沉丹田，蓄力待發。

【用　法】

此動主為顧法，多用於封顧敵來之手，或用以截法，截其根節（上肢大臂），不令其勁力發出。

（2）繼上動不停，右足向前進一大步，落成順足，屈膝半蹲，兩足成三體步。同時，右拳循上弧線經與左手虎口相摩，然後向前崩出，高與鼻齊，拳心向上；左手循內弧線向回勾摟，收至腹前成陰拳。上體隨之向左旋轉90°，目視右拳（圖1－

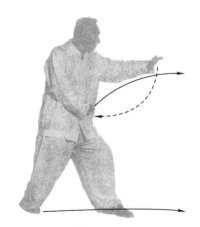

圖1－120

121）。

【要　領】

①右拳與左拳須同時起落，右臂勿使伸展成直，肘部微屈，呈似直非直、似曲非曲；

②右拳心之上平面應成水平，拳面向下傾斜 45°；

③兩肘均須下沉，左大臂內側須與胸肋相貼；

圖1－121

④兩拳一出一入，均須肘肋相摩，爆發寸勁。

【用　法】

承上式，敵方既被我左手封閉，我左手急速向下、向左扣領、勾摟其臂；隨即進右步踏其中門，並以右拳擊敵鼻準，此為中架子上鑽拳之用法；若使用中架子中鑽拳攻之，則擊敵心窩；如使用低架子下鑽拳時，所擊部位即在敵腹部（唯下鑽拳多使用陰拳為妙）。

3. 順步左鑽拳

（1）繼上動，右足向前墊進，落成外橫足，屈膝半蹲，兩足成咬步。同時，右拳變掌，以腕為軸，向內翻扣，成內橫陰掌，置於胸前；左拳仍為陰拳，落於臍前。目視右手（圖1－122）。

【要領、用法】均與前「順步右鑽拳」相同，唯方向及左右手足不同。

（2）繼上動，左足向前進一大步，落成順足，屈膝

半蹲，兩足成三體。同時，左拳循上弧線，經與右手虎口處相摩，向前鑽出，拳心向上，高與鼻齊；右手向下勾摟抓領，收至臍前，拳心向下。上體隨之向右旋轉90°，目視前拳（圖1-123）。

【要領、用法】均與前「順步右鑽拳」相同。

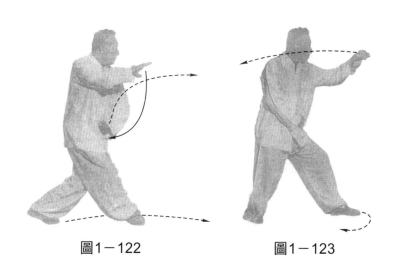

圖1-122　　　　　　　圖1-123

【說　明】

以上順步鑽拳是定步鑽拳，適合於初學者練習。若是練習寸步順步鑽拳時，則應在右足進一大步後，左足隨之跟進半步；左足進一大步時，右足應隨之跟進半步，兩足前後須保持在2分米遠近。

4. 回　身

繼上動，左足循外弧線向右扣步，屈膝半蹲，兩足成倒八字。

同時，左拳變掌，循上弧線隨上體向右後轉身時扣按至胸前；右手仍為陰拳，原位不動。同時，上體向右旋90°，目視左手（圖1－124）。

二、拗步按手鑽拳

1. 三體勢（圖略）

2. 拗步右鑽拳

由三體勢，左足向前寸進半步，隨之右足跟進半步，落於左足之後，成外橫足。同時，右手變拳，循上弧線經與左手虎口處相摩，向前鑽出，拳心向上，高與鼻齊；左手向回勾摟，落於臍前，拳心向下。上體隨之向左旋轉90°，目視右拳（圖1－125）。

【要　領】

①手內翻扣按，應與左足寸進同時動作；

②右拳前鑽須與左手摟回、右足進步同時動作；

圖1－124　　　　　　圖1－125

③頭正身直，肘垂肩沉，按膊聚膀，抱氣逼腎，擰腰合胯，扣膝足踏；

④手足肩胯，左右相合，三尖相對，勿使偏差；

⑤兩肩宜平，左右力均，一出一入，肘肋相摩，全力發出，兩腎復空，其餘要領，皆與前同。

【用　法】

與前「順步鑽拳」相同，唯順步、拗步不同而已。

3. 拗步左鑽拳

（1）繼上動，左足向前墊進半步，落成外橫足，屈膝半蹲，兩足成咬步。右手變掌，以腕為軸向內翻扣，落於胸前，成內橫陰掌，高與胸齊。目視前方（圖1-126）。

（2）上動不停，右足向前進一大步，落成順足，成三體步。同時，左拳循上弧線，經與右手虎口處相摩，向前鑽出，拳心向上，高與鼻齊；右手勾摟變掌收至臍前，掌心向下。上體隨之向右旋轉90°，目視右拳（圖1-127）。

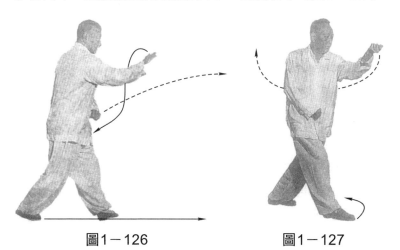

圖1-126　　　　　圖1-127

【要　領】

①右拳變掌翻扣、按領，須與左足墊步同時動作；

②右足進步須與右拳前鑽、左手摟回同時動作。餘皆同上。

【用　法】

與前「拗步右鑽拳」相同，唯步法不同而已。

圖1－128

4. 回　身

繼上動，右足循外弧線向左扣步，落於左足之前，屈膝半蹲，兩足成倒八字；同時，左拳變掌隨上體向左旋轉時，按於胸前，成內橫陰掌，高與胸齊，右拳仍於原位不動；上體向左後旋轉180°，目視左手（圖1－128）。

轉身時頭部及上體不可前栽後仰，或左歪右斜，須保持中正。餘皆同前。

【用　法】

設敵於身後擊我頭、背、腰部，我即向左扣右步，避其鋒銳；同時，以左手由外向內翻掌扣按其腕，準備換招進攻。在五行拳中，無論哪一種練法，不僅要練習向右後旋轉的回身法，同時要練習向左後旋轉的回身法，才能適應地形、場地和運用時因勢轉身的需要。這一小節介紹的即是左旋回身法，以供學者能於此法中領悟及掌握其他各拳對於左旋回身之理和用法。

三、寸步沿肘鑽拳

1. 三體勢（圖略）
2. 寸步沿肘右鑽拳

（1）由三體勢，左足向前墊進半步，落成外橫足，屈膝半蹲，兩足成咬步，重心前移，準備進右足。同時，左手外旋變為陽掌，並向右水平劃一圓弧，屈肘置於右肩前，拇指向前，掌心向上，四指向

圖1-129

右；右手也同時由下向左上穿，貼於左肘下方，並沿左小臂尺骨向右滑行，置於小臂前側，使兩臂交叉成十字；右手掌心向前下方，四指向左。目視前方（圖1-129）。

【要　領】

①兩手動作須與左足墊步同時進行；

②左手向右運動時，須有向右橫托帶領之意；

③右手上穿、向右滑行，須有顧守封閉之意；

④兩手在運行中須有摩擦，要靈活運轉；

⑤垂肩沉肘，聚膀撐膊，提胸下腰，逼臀堅膝，中正不偏，含藏勁力。

【用　法】

①敵攻我胸部，我即可用左手迴旋時的左擺之勁，橫托其肘部，以封其進手；同時，以橫肘進擊敵胸部。

②設敵托我左肘，我即上穿右手刁抓其手腕，或用擒

拿法斷其腕指關節，或用如封似閉之法將敵封死，然後再進攻。

（2）繼上動，重心前移至左足，右足隨即提進左足內側，離地寸許，成左雞步。同時，左手向右、向下、再向左、向上、向前劃一整圓，按至胸前，成內橫陰掌，高與胸齊；右手也由左而右、由上而下收至臍前，拳心向下。目視左拳（圖1－130）。

【要　領】

①兩手運行要與右足提進須同時動作；

②右足足尖須微上翹，並與左足內側相貼，餘皆同前。

（3）繼上動不停，右足前進一大步，落成順足，屈膝半蹲；隨之左足跟進半步，落於右足之後，成外橫足。同時，右拳經上弧線向前鑽出，拳心向上，高與鼻齊；左手摟領下按，收至臍前，成陰拳。上體隨之向左旋轉90°，目視右拳（圖1－131）。

【要領、用法】皆與前圖1－129相同。

3. 寸步沿肘左鑽拳

（1）繼上動，右足向前墊進半步，落成外橫足，屈膝半蹲，兩足成咬步。同時，右拳外旋變掌，向左劃弧，置於左肩之前，掌心向上，四指向左；左手上穿，置於右小臂之前側，成陰掌，兩臂十字交叉。目視前方（圖1－132）。

【要領、用法】皆與前「右鑽拳」相同。

（2）上動不停，重心移至右足，屈膝半蹲；左足提進至右足內側，離地寸許，成右雞步。同時，右手由左側

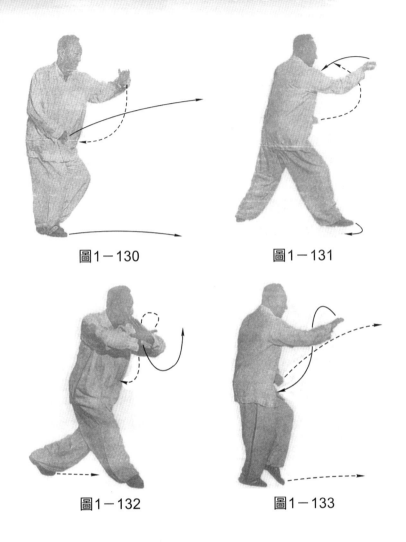

圖1－130　　　　　　　圖1－131

圖1－132　　　　　　　圖1－133

循弧下落，再經右弧上翻，按至胸前，成內橫陰拳；左手
也同時由右弧下落，收至臍前，拳心向下。目視右拳（圖
1－133）。

（3）上動不停，左足向前進一大步，落成順足，屈

膝半蹲；右足隨之跟進半步，落成外橫足，兩足成三體
步。同時，左拳循上弧線向前鑽出，拳心向上，高與鼻
齊；右手摟領下按，收至臍前成陰拳。上體隨之向右旋轉
90°，目視左拳（圖1－134）。

4. 回　身

繼上動，左足循外弧線向右扣步，落於右足之前，屈
膝半蹲；右足收而復出，落成順足。同時，上體向右後旋
轉90°，右肘隨轉體向後上方提起；左手由拳變掌，置於右
小臂內側，兩臂交叉成如封似閉。目視前方（圖1－135）。

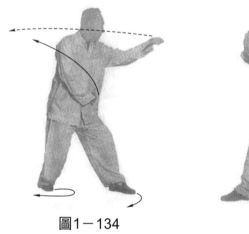

圖1－134　　　　圖1－135

【要　領】

①身要靈，扣步要穩；

②兩手運行、上體轉身及左足扣步須動作一致，同時
完成；

③塌腰扣膝，沉肘按膊，勁力含蓄，中正不偏。

【用　法】

設敵從我身後欲抱我腰部，我可扣步轉身，提肘後打，擊敵心胸；同時，以左手封其二目。若敵仰頭敞胸，並以右手托我左肘時，我可用如封似閉之法將其封死，隨之以虎形將敵拋出，或以擒拿之法斷其右腕及手指關節。

四、拗步沿肘鑽拳

1. 三體勢（圖略）

2. 拗步沿肘左鑽拳

（1）由三體勢，左足收半步，足掌著地，落於右足之前約 2 分米處。同時，右手循右弧線向前、向上扣按，高與胸齊，掌心向下，四指斜向左側；左手循左弧線收回，落於臍前，也成陰掌。上體隨之向左旋轉 90°，目視右手（圖 1－136）。

【要　領】

①兩手與左足須同時動作；

②身宜中正，不可前栽；

③沉肩墜肘，運轉自如，靈而不浮，沉而不僵，穩而不滯。

【用　法】

①設敵以左拳擊我胸部，我收左足，並微向後吞身伏體，以避其鋒銳；同時，以左手粘其腕，向左、向下領捋，並以右手托其肘而助之，兩手同時捋勁，

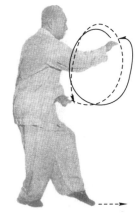

圖1-136

令敵失中前栽，再變招攻之。

②若敵以右手攻我胸部，我仍以左手由下向上、由裡向外刁領其腕內側，並向右、向下擰領捋帶，使敵負痛而側身仰體；同時，以右手橫斫其喉部，或以手指戳其二目，或以撲面掌搧擊其鼻面部（*此法因掌心為火，鼻準為金，故有「火到金化」之功，使其流血不止*）。

③如我左手刁領擰捋敵左手後，又可用右臂尺骨之挫勁斷其肘關節，此法謂之「張飛鍘草」。

（2）繼上動不停，左足復循內弧線向前方墊進一步，落成外橫足，兩足成咬步。同時，右手循左、下、右、上之整圓，複按於右前上方，掌心向下，四指向前，高與肩齊；左手循右、上、左、下之整圓，仍落於臍前，握成陰拳。目視右手（圖1－137）。

【要　領】

①兩手運轉要靈活自如，並須與左足墊進協調一致；

②兩手、兩臂於胸前交叉成十字手時，須互相摩擦；

③左足前踩應實，右足踏勁，以備進勢。

【用　法】

①顧法。

②擒拿。

其法與前「回身」之用法略同（*因此動兩手之用，較為多樣，很難用文字表明，故須學者在練習之中，根據前法自悟其用*）。

（3）上動不停，右足循內弧線向右前方進一大步，落成順足，屈膝半蹲；左足隨即跟進半步，落於右足之

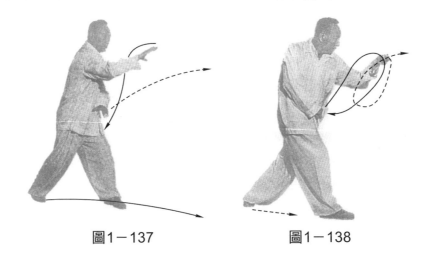

圖1－137　　　　　　　　圖1－138

後，成外橫足，兩足成三體步。同時，左拳循上弧線向前、向上鑽出，拳心向上，高與鼻齊；右手也同時循內弧線向下按領，收至臍前，握成陰拳。上體隨之向右旋轉90°，目視左拳（圖1－138）。

【要　領】

①出左手、收右手須與進右步同時動作；

②擰腰合胯，沉肩墜肘，三尖相對，臂不宜直。

【用　法】

設敵以右拳攻我胸部，我向左前方進步，以避其鋒銳；同時，以右手扣按其右腕或小臂，向左推領，將敵閉住，復進右足直踏其中門（走外），並以左拳上擊敵頭面部，或點擊其要穴。

3. 拗步沿肘右鑽拳

（1）繼上動，右足向前進半步，足尖微向內扣，屈

膝半蹲；左足隨即提至右足內
側之後。同時，右拳變掌上穿
至左肘後側，再沿肘臂外側向
右滑行，並繞右弧線下落於臍
前，仍握成陰拳；左手變拳，
循右弧線下落，繼循左弧線向
上、向左扣按於胸前，掌心向
下。上體隨之向左旋轉，目視
左手（圖1－139）。

圖1－139

【要　領】

①此動雖與前鑽拳相同，但前面是分解動作，此動為
連貫動作，所以學者在練習時，須注意手足動作要一致；

②如相合協調，則各盡其妙；若相離不合，則各失其
效；故於拳術之中，無論是練習或運用，均貴於一個合
字。

（2）繼上動不停，左足循內弧線向左前方進一大
步，落成順足，屈膝半蹲；右足隨即跟進半步，落成外橫
足，兩足成三體步。同時，右拳循上弧線經與左手虎口處
相摩，向前鑽出，拳心向上，高與鼻齊；左手循內弧線向
下按領，收至臍前，握成陰拳。上體隨之向左旋轉90°，
目視右拳（圖1－140）。

【要領、用法】皆與前完全相同。

4. 回　身

繼上動，左足循外弧線向右扣步，屈膝半蹲，兩足成
倒八字。同時，右手變掌，隨上體右後轉身時由上而下，

圖1－140　　　　　　　　　圖1－141

復再由下而上，循圓弧按於胸前，成內橫陰掌；左拳不動。目視前方（圖1－141）。

【要　　領】

扣步、轉身和右手動作三者須協調一致，餘皆同前。

【用　　法】與前相同。

五、鑽栽合一

鑽栽合一，是鑽拳和栽捶連貫在一起的練法。在鑽拳的練習中，上鑽拳和中鑽拳是採用陽拳（即拳心向上），唯有在下鑽拳中是採用陰拳，乃是取其陰陽合一、左右互易之法。

鑽栽合一取用的步法為活步，兩足的運行為五步一組，所行的線路取直線與曲線兩種；在手法上採用左手鑽、右手栽，或右手鑽、左手栽；在身法上要求身靈步

活，忽左忽右，時進時退，身似游龍，行如狸貓，形似波浪，滾滾不息，閃展騰挪，悉在其中。

1. 三體勢（圖略）

2. 左鑽右栽

（1）由三體勢，右足先向後微退，仍為外橫足；隨之左足收於右足之前約 2 分米處，足掌著地。同時，右手循外弧線向前、向上按於胸前，成內橫陰掌，高與肩平。左手循內弧線收至臍前，握成陰掌。目視前手（圖 1－142）。

【要　領】

①兩足移動和兩手出入協調一致；

②兩腿屈膝半蹲，右實左虛；

③左足微離地面，不可提之過高；

④頭正項豎，身正中平，不可前栽後仰、左歪右斜；

⑤沉肩墜肘，聚膀按膊，氣沉丹田，蓄勁待發。

【用　法】

設敵以右手擊我胸部，我方隨即微退右步，繼退左步；同時，以左手刁、勾摟其腕，向下領捋；同時出右手取其咽喉或二目。若左手已刁領敵左手時，則可用「張飛鍘草」施以擒拿。

（2）上動不停，左足循右弧線向前踏進一步，落成外橫足。同時，左拳循上弧線向前、向上鑽出，拳心向上，高與鼻齊；右手循內弧線向下按領，收至臍前，握成陰拳。目視左拳（圖 1－143）。

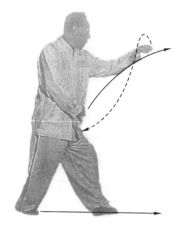

圖1－142　　　　　　　圖1－143

【要　　領】

①左拳出、右拳入須與左足進步同時動作；

②左足、左手在前，不可出現勁力左偏之弊，務須左右勁力平均，使全體中正；

③鼻、拳、足三尖須列成直陣，縱向在同一條直線上，不可左右偏離。

【用　　法】

設我用「張飛鍘草」式將敵拿住，若敵沉肘聚力抗爭破我擒拿時，我可借助於右手向左、向下摟領敵左肘內彎處；同時以左鑽拳衝擊其鼻準。若我用左手抓擰敵右腕，施用右手點、戳、挫、按敵咽喉或面部時，敵又以左手托我右肘，我可借助其力，右肘向內做圓的運動，然後再向下、向後收領，並以右手捋抹敵左臂；同時，以左拳點擊敵腋下要穴，或擊其頭部要穴。

（3）上動不停，右足向前進一大步，落成順足（所謂順足絕非足尖直向前方，而是以穩固、順當、舒適為順，也即足尖向內扣 10°～ 15° 左右）；隨之左足跟進半步，落於右足之後，成外橫足，兩足成三體步。同時，右拳上提，至胸前時向前栽出，拳心向下，高與胸齊；左手變掌內旋，並循內弧線向下摟領，收至臍前，握成陰拳。上體隨之向左旋轉 90°，目視右拳（圖 1－144）。

【要　領】

①左手入、右手出須與右足進步同時動作；

②右手發拳須攥緊，且須抽肩調膀、擰腰旋胯、龜尾急劇轉抖，爆發出全體之整勁、絕勁和寸勁；

　③手似車輪，運轉須靈活無滯；足踏似鑽，進退要平穩輕靈。

【用　法】

如我以上動左鑽拳擊敵鼻準，敵以右手托我左肘或臂腕時，我可借勢左手劃弧回摟帶領；同時，進右步逼近敵身，發右拳擊敵華蓋或頭面部。

3. 右鑽左栽

（1）繼上動，左足先向左後方微退半步，仍落成外橫足；隨之右足收至左足前約 2 分米處，足掌著地，兩足成左實右虛步。同時，左手循外弧線向前、向上按至胸前，成內橫陰掌，高與肩平；右手循內弧線變掌摟領下落，收至臍前，再握成陰拳。上體隨之向右旋轉 90°，目視左手（圖 1－145）。

【要領、用法】均與前「左鑽右栽」相同。

圖1－144

圖1－145

（2）上動不停，右足向前進一步，落成外橫足。同時，右拳循上弧線向前、向上鑽出，拳心向上，高與鼻齊；左手循內弧線向下摟領，收至臍前，握成陰拳。上體隨之向左旋轉90°，目視右拳（圖1－146）。

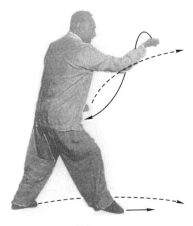

圖1－146

【要領、用法】均與前「左鑽右栽」相同，唯方向及左右手足相反。

（3）繼上動不停，左足向前方進一大步，落成順足；右足隨之跟進半步，落成外橫足，兩足成三體步。同時，左手上提至胸前時，復向前栽出，拳心向下，高與胸

齊；右拳變掌，內旋成陰，循內弧線向下摟領，收至臍前，握成陰拳。上體隨之向右旋轉90°，目視左拳（圖1－147）。

【要領、用法】均與前圖1－143相同，唯方向及左右手足相反。

4. 回　身

繼上動，左足循外弧線向右扣回，落於右足之前，兩足成倒八字。同時，左手隨上體向右後轉身時循上弧線按至胸前，成內橫陰掌。目視左手（圖1－148）。

【要領、用法】均與前回身法相同。

六、鑽拳收勢

1. 三體勢

無論練習哪一種鑽拳，其收勢之法皆同於此。當回身後練到原起勢地點時，再行回身之法，然後打成左式三體勢。

圖1－147

圖1－148

【要領、用法】均與劈
拳相同。

2. 十字手

【練法、要領、用法】
均與前劈拳收勢完全相同
（圖1－149）。

3. 提水勢

【練法、要領、用法】
均與前劈拳收勢完全相同
（圖1－150）。

4. 托掌勢

【練法、要領、用法】
均與前劈拳收勢完全相同
（圖1－151）。

圖1－149

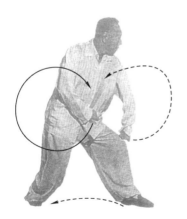

圖1－150

圖1－151

5. 還 原

【練法、要領、用法】

均與劈拳收勢完全相同（圖
1－152）。

結　語

鑽拳之性為水。水有無
孔不鑽、無孔不入之特性，
故久練鑽拳有化滯、易拙、
身靈步活、手捷眼快之效。

圖1－152

在形為閃電，電有快速敏捷、迅雷不及掩耳之勢，故有
「電閃雷鳴」之喻；在臟為腎；在氣為「一氣之流通曲折
而無微不至」之運動；在脈為足太陽膀胱經，與足少陰腎
經之運行；在上肢經脈為手陽明大腸經與手厥陰心包經之
運行。在天干為壬癸，在地支為子亥，在位於北方，故有
「北方壬癸水」之說。南方在象為「朱雀」，北方在象為
「玄武」。朱雀係由井、鬼、柳、星、張、翼、軫七宿組
成之鳥象；玄武係由斗、牛、女、虛、危、室、壁七宿所
組成之龜蛇之象，故又有「朱雀玄武南北分」之說，是謂
子午周天之功。

北方在八卦中為「坎」，南方在八卦中為「離」，坎
的代號是☵，離的代號是☲，坎為水，離為火，坎離交媾
謂之陰陽相合（**火為陽，水為陰**），又謂水火既濟，所以
在道教功法中有「抽坎填離」之說。道教認為在天為乾☰
，在地為坤☷，是為天地之本原，故欲扭樞機、轉乾坤，

則須將坎中之滿抽出，然後填入離中之虛，方謂返乾坤之本，達還原之目的。

於人身之中，頭為之天，腹為之坤，故道經云：「欲得不老，還精補腦」，即指要將坤腹之精華（又稱醍醐），經過鍛鍊變成真氣，然後沿督脈上行於乾頂，達到防病抗衰、益壽延年之目的。所以說「抽坎填離」也好，「心腎相交」也好，「水火既濟」也好，都是養生功法中的重要組成部分。如果學者不知此理，又何以談得上精益求精和練內家拳呢。

第五節　炮　拳

炮拳的練法，從其架勢上講，也分有上架、中架、低架三種不同的練法。在每個架勢中，又各分有上炮拳、中炮拳、下炮拳三種高低不同的練法；在手法上有砸手炮拳與捋手炮拳兩種練法；在身法與步法上有四角炮拳、捋手炮拳、虎炮合一和定步、寸步幾種練法。

下面介紹的是砸手炮拳、捋手炮拳、四角炮拳和虎炮合一四種練法。在步法上均採取了寸步的練法。

一、砸手炮拳

1. 三體勢
2. 左砸手

由三體勢，左足向左前方進一步，足尖稍向內扣，屈膝半蹲；右足隨之跟進，重心落於左足。同時，兩手由

掌變拳，並繞右弧線外
旋下砸（左拳）落至臍
前，兩拳相對，仰抱於
臍前。目視右前方（圖
1－153）。

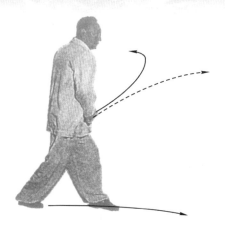

圖1－153

【要　領】

①兩手運轉與左足
進步須同時進行；

②身體不可前栽；

③兩足之勁，每當
發勁之後，則應為前三
後七；兩拳至臍前後，小臂之尺骨須與腹部緊貼，同時氣
抱丹田，使內外形成爭衡之勁。

【用　法】

設敵以左拳擊我心位，我可借左足向左前方進步避其
鋒芒；同時，左手右旋變拳，下砸敵臂部要穴。若此招使
用得當，足以使敵上肢因負痛而不能舉。

3. 左炮拳

繼上動，右足向右前方進一大步，落成順足，屈膝半
蹲；左足隨之跟進半步，落成外橫足，兩足仍成三體步。
同時，兩拳上鑽，右拳鑽至胸前時，開始向內旋擰，並向
上、向右、向前滾翻，屈肘置於頭部右側前方，拳心向右
前方，拳眼向下，拳高與眉齊，距眉約兩拳遠近；左拳上
鑽至胸前時，內旋向前沖出，拳眼向上，高與心齊。上體
隨之向右旋轉 90°，目視前方（圖1－154）。

【要　領】

①右足踏進為衝勁之時，左足跟進落步時為爆發寸勁之候；

②拳、右臂上架時須有滾、擰、翻、頂、開、擴之勁；

③拳上架定位後，大臂宜平，小臂應向上、向內屈曲 45° 左右；

圖1－154

④左拳擊出後，拳面與小臂應成水平；鼻、拳、足三尖須列在同一條縱向中心線上；

⑤肩合，膀聚，按膊，沉肘；

⑥爆發寸勁時，須抖尾轉腰，氣抱丹田，抽肩調膀，提起心力，胸出而閉，頭正而懸，上下內外合為整勁；

⑦全力發出後，緊者宜鬆，呼者宜吸，塌腰坐胯，充氣蓄力。

4. 右炮拳

【練法、要領、用法】均與上「左炮拳」相同，唯方向及左右手足相反（圖1－155、圖1－156）。

圖1－155

圖1－156　　　　　　　　圖1－157

5. 回　身

炮拳回身，無需固定，可隨勢而定，任時而轉，所以可隨時、隨地、因勢而任意左右回轉，不必局限於一種。下面介紹的是右轉身法。

繼上動，左足循外弧線回扣於右足之前，兩腿屈膝半蹲成倒八字，重心落於左足。同時，兩拳下落，仰抱於臍前。目視右前方（圖1－157）。

然後再繼續打左炮拳，至起勢地點時再回身，收勢。

【要領、用法】均與前回身法略同，請參閱。

二、捋手炮拳

1. 三體勢（圖1－158）

2. 左捋手

由三體勢，右足向右前方進一大步，屈膝半蹲，落成

順足，重心向前移至右足（七分）。同時，右手循上弧線向左前方伸出，復經下弧線向右下方捋回，置於左肘內側，四指斜向前，掌心斜向左，高與心齊；左手也同時由下向上、向左劃一圓弧，停於左前方，大指向上，掌心向右，四指微斜向前上方，高與胸齊。目視前方左手（圖1－159）。

【要　領】

兩手捋與右足進步須同時動作，協調一致；兩手捋回時，須向右後方的45°領捋；同時，左手外旋、右手內旋，兩手合成擰勁。

【用　法】

設敵以右手攻我心胸部時，我以兩手刁握其右臂（右手抓其腕，左手握其肘）；同時，向右擰、向下領捋，使敵負痛而受制於我。此法也可使拿穴、拿骨同時並用，若使用得機、得法，足可使敵臂之肩肘關節損傷。

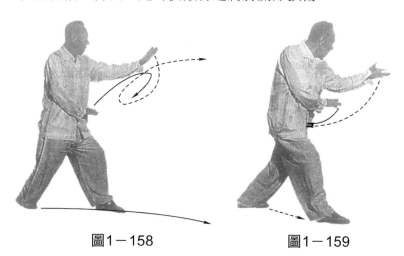

圖1－158　　　　　圖1－159

3. 虎抱頭

繼上動，兩手向下捋回，收至腹前均成陽拳，緊貼腹肋，仰抱丹田。同時，左足提進，置於右足內側，足尖上翹，足掌平行，離地寸許。右足不動，屈膝半蹲，成右獨立雞步。目視左前方（圖1－160）。

【要　領】

擰腰旋胯，鬆肩沉肘，氣抱丹田，儲氣蓄力，既如虎伏而待起，又如蛟龍上下各俱三曲之形，又似金雞獨立之勢。

【用　法】

此法是上法之繼續和變化，設上動捋手，敵用沉肘破解，我急將左手滑至其腕處，與右手合握其腕，再向右、向上擰領；同時，進身、進步（左）以斷敵肘；或用背挎之法斷其肩、肘，更用後肘擊其心窩，令敵立斃當場。

4. 右炮拳

上動不停，左足向左前方進一大步，右足隨之寸步跟進，前足為順，後足為橫，成三體步。同時，左拳循心胸上鑽，至與口齊時復向內旋，並向左、向上、向前滾翻架頂，置於頭部左前上方，高與眉齊，相距兩拳之遠，拳心向下，拳眼向右；右拳也同時上提至胸前，循上弧線向前打出，高與心齊，成立拳。上體隨之向左旋轉90°，目視右拳（圖1－161）。

【要　領】

①左手上架、右拳前衝、左足進步、右足跟進均須協調一致，上下配合；

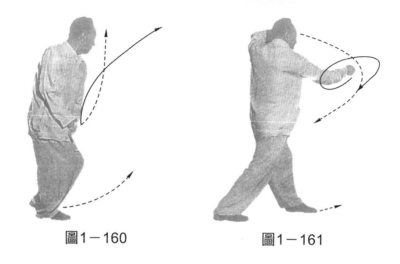

圖1－160　　　　　　　　圖1－161

②擰腰轉肩、旋胯抖尾，須爆發出全體合一之寸勁；

③鼻、拳、足三尖須列在一條縱向中心線上。

【用　法】

　　設敵以右拳衝擊我頭面部時，我以左拳及小臂向上、向左、向前滾翻架頂，使敵右拳攻擊失效；同時，進左足、衝右拳擊敵心位。若敵以左手橫托我右肘，克破我右拳進攻時，我可取抽肩調膀之法，將右肘向內劃弧，然後再向後下方抽回；同時，左拳突然向前栽擊敵頭面部，或用攢拳點擊其要穴。

5. 右捋手

　　繼上動，左足向前寸進，仍為順足，屈膝半蹲。同時，左手變掌由右向左、向下捋回，置於胸前，四指向上，掌心斜向右下方；右拳變掌，屈肘內收，復循右上弧線向前捋出，高與胸齊，四指斜向前上方。上體隨之向右

旋轉90°，目視右手（圖1－162）。

【要領、用法】均與前「左捋手」相同，唯方向及左右手足相反。

6. 虎抱頭

【練法、要領、用法】均與前「左捋手」相同（圖1－163）。

7. 左炮拳

【練法、要領、用法】均與前「右炮拳」相同（圖1－164）。

圖1－162

繼上動，右足循外弧線扣回至左足之前，足尖向內扣，屈膝半蹲，重心隨之前移，成右重左輕（前七後

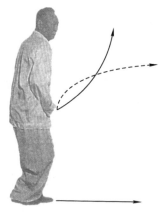

圖1－163

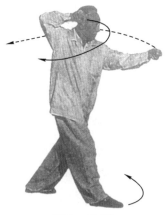

圖1－164

三）。同時，上體向左後旋轉180°，兩手隨轉體循上弧線向左前方做捋手。目視左手（圖1－165）。

【要　領】

扣右足、轉上體、兩手左捋須同時動作，配合緊密。其餘皆同前捋手勢。

【用　法】

設敵從我身後擊來，我

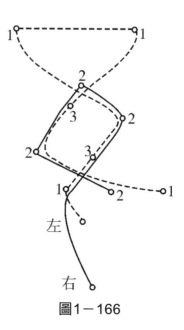

圖1－165

以扣右步做閃勢，使敵進攻落空，我隨即刁領其腕、肘，並向下、向左擰領捋帶。其餘皆同前捋手用法。

三、四角炮拳（路線圖1－166）

四角炮拳是為防守和進攻左前方、右前方、左後方、右後方（也即乾、艮、巽、坤）四個奇向位置。步法上完全採用的活步、曲線運動，它可以隨勢而轉，因勢而變，因此在運轉時要求身靈步活，既要輕如狸貓，又要沉穩不飄，要活活潑潑、悠悠蕩蕩，轉如飛

圖1－166

鷹翻身，攻如烈炮炸彈，故須內外相合，上下相隨，前後兼顧，剛柔相濟，方能體現出「若遇人多，我便是三搖兩旋」之特點。

1. **三體勢。**

2. **炮拳第一角**

（1）由三體勢，左足先向左前方墊進半步，仍落成順足，屈膝半蹲。同時，兩手向右前方捋回（*捋法與前「捋手炮拳」相同*），兩手變拳，仰抱於臍前。上體隨之向左旋轉90°左右，目視前方（圖1－167）。

【**要領、用法**】均與前「捋手炮拳」相同。

（2）繼上動不停，右足向右前方進一大步，左足隨即寸步跟進，右足順，左足橫，屈膝蹲成三體步。同時，右拳上鑽，至與口齊時內旋，並向上、向右、向前滾翻，架於頭部右側前方，高與眉齊，距眉兩拳之遠，拳心向下，拳眼向左；左拳循上弧線，由心前向前打出，拳眼向上，高與心齊。目視左拳（圖1－168）。

3. **炮拳第二角**

（1）繼上動，右足循外弧線扣回至左足之前，屈膝半蹲，重心移至右足；左足隨即提起停於右足內側，離地寸許，足尖上翹。同時，兩拳變掌，向左後方捋回，復再由掌變拳，仰抱於臍前。上體隨之向左後旋轉90°，目視左前方（圖1－169）。

（2）繼上動不停，左足向前進一步，落成順足，屈膝半蹲；右足隨之跟進，落成外橫足，也屈膝半蹲，兩足成三體步；同時，左拳向上、向左、向前鑽、裹、擰、

翻，上架於頭部左前上方，拳心向下，拳眼向右，高與眉齊；右拳循上弧線向前擊出拳眼向上，高與心齊，目視右拳（圖1－170）。

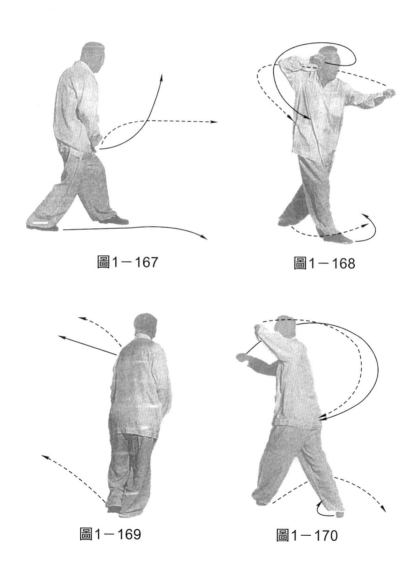

圖1－167

圖1－168

圖1－169

圖1－170

4. 炮拳第三角

（1）繼上動，左足循外弧線扣回至右足之前，屈膝半蹲，重心前移，兩足成丁字步（或稱「子午步」）。同時，兩拳變掌，向右前方捋回，兩手變拳，仰抱於臍前。上體隨之向右後旋轉約180°，目視右前方（圖1－171）。

（2）繼上動不停，右足循內弧線向右前方進一大步，落成順足，屈膝半蹲；左足隨即寸步跟進，仍落成外橫足，屈膝半蹲成三體步。同時，右拳向上、向右、向前鑽、裹、擰、翻，架於頭部右上方，拳心向下，拳眼向左，高與眉齊，距眉兩拳之遠；左拳也同時循上弧線向前擊出，拳眼向上，高與心齊。上體隨之向右旋轉90°，目視左拳（圖1－172）。

5. 炮拳第四角

（1）繼上動，右足循外弧線扣回至左足之前，屈膝半蹲，重心落於右足，兩足成丁字步。同時，兩拳變掌，

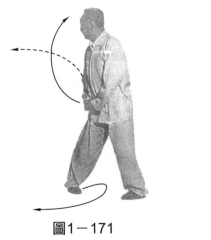

圖1－171

圖1－172

向左前方捋回，復變為拳，仰抱於臍前。上體隨之向右旋轉 90°，目視左前方（圖 1－173）。

（2）上動不停，左足循內弧線向左前方進一大步，落成順足，屈膝半蹲；右足隨即寸步跟進，落成外橫足，屈膝半蹲成三體步。同時，左拳向上、向左、向前鑽、裹、擰、翻，置於頭部左上方，高與眉齊，距眉兩拳之遠；右拳循上弧線向前擊出，拳眼向上，高與心齊。上體隨之向左後旋轉 180°，目視右拳（圖 1－174）。

6. 回　身

繼上動，左足循外弧線扣回至右足之前，成丁字步。同時，兩手向右前方捋回，仍變拳，仰抱於臍前。上體隨之向右後旋轉 180°，目視右前方（圖 1－175）。

【說　明】

①四角炮拳兩手動作，係採用了捋手的練法，所以在學練此拳之前，應首先學練捋手炮拳，以為學練此拳打好

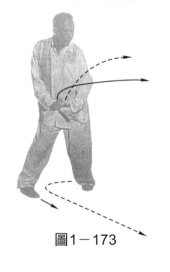

圖 1－173

圖 1－174

基礎。

②四角炮拳的轉身，可
取隨時因勢轉身法，故不只
限於線路所示之一種。例
如：左足、右拳在前時，不
但可取右後轉身法，同時也
可取左後轉身法（即右足扣
回，而後轉身），然後再向
自己想像中的方向或目標打
去。

圖1－175

四、虎炮合一（路線圖1－176）

虎炮合一，是虎形與炮拳相合
為一的練法。虎為山中猛獸之王，
其在卦為兌，方位在正西；在五行
之中西方為金，故言「西方庚辛
金」。取之於身為坎（「虎向水中
生」之故），其勁起於尾閭，而實
主於腎水，坎生風，風從虎，故有
「虎未至而風先生」之說。道經
云：「虎向水中生」，因此說，雖
言虎本屬陽，而實乃真陰也；龍本
屬陰，然真陽也，故龍形與虎形之
勢，輪廻相屬，有開督通任之效，
在丹經謂之「龍虎相交（即水火既

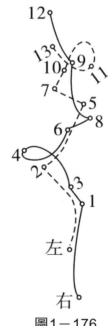

圖1－176

濟）」。而炮拳其形似炮，於五行之中為火，在五臟之中為心，其形似如烈火炮彈，其勁雖發自於中焦、上焦，然實主於心火。虎屬腎水，炮屬心火，因此虎炮合一，既為心腎相交，也為水火既濟，也謂陰陽相合。

虎炮合一的練法，係由捋手、炮拳、懷中抱月（擒拿法）、老虎大擺尾（足法）、虎撲等幾個動作所組成。由三體勢起勢後的第一組，係由左捋手、右炮拳、懷中抱月、老虎大擺尾（兼左轉身）四個動作組成；從第二組開始以後，以至第三、四、五……組，即由虎撲、捋手、炮拳、懷中抱月、老虎大擺尾五個動作所組成。

1. 三體勢

2. 左捋手

（1）由三體勢，右足向右前方進一大步，足尖微向內扣，屈膝半蹲，重心稍向前移，成前七後三。同時，兩手向左前方捋出，左前右後，左高右低，兩掌心相對照應。目視左手（圖1－177）。

圖1－177

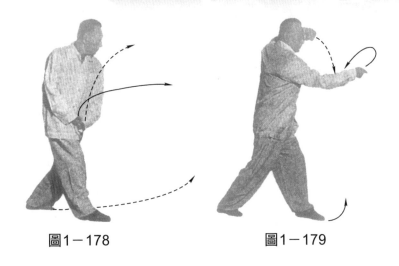

圖1－178　　　　　　　　圖1－179

（2）上動不停，兩手繼續回捋，至臍前時變拳，並擰翻為陽拳。目視左前方（圖1－178）。

3. 右炮拳

繼上動不停，左足向左前方進一步，屈膝半蹲，落成順足；右足隨即寸步跟進，落成外橫足，也屈膝半蹲，成三體步。同時，左拳向上、向左、向前鑽、裹、擰、翻，架於頭部左前上方，高與眉齊，距眉兩拳之遠，拳心向下，拳眼向右；右拳循上弧線向前打出，拳眼向上，高與心齊。上體隨之向左旋轉90°，目視右拳（圖1－179）。

4. 懷中抱月

繼上動，左足以踵為軸，足尖向外旋轉成外橫足，屈膝半蹲；右足以足掌為軸，足踵微向外旋，並提離地面，兩足成剪子步。同時，右拳邊收邊外旋，置於心胸之前，拳心向上，大小臂間屈成90°；左手下落變掌，抱於右拳

圖1－180

背下方。上體隨之微向左旋轉，重心主於前左足，伏體蹲身。目視前方（圖1－180）。

【要　領】

①剪步轉身，兩大腿內側須互相夾緊，以堅固下盤的穩定性；

②掌抱右拳後，兩手須同時有向下壓、向外旋轉的勁力；

③兩大臂內側須與胸肋貼合緊密，以助兩臂發出全體之整勁；

④重心前移後，須前七後三，伏身蹲體，但不可有過度前栽之相；

⑤沉肩按膊，墜肘合胯，收臀塌腰，勁力宜整。

【用　法】

設我以右炮拳擊敵心位，敵若用右手刁住我右手腕

時，我則用「懷中抱月」擒拿法拿之。無論採用哪一種拿法，只要用之得法，足以斷敵腕臂而傷及肘肩。

5. 老虎大擺尾（右）

（1）繼上動，重心全部移至左足；同時，起右足，循外弧線由右向前、向左橫向崩踢（即足尖微向內勾，足外沿成平）。兩手下落仰抱於臍前，皆成陽拳。目視前方（圖1－181）。

【要　領】

左足支撐要穩，右足崩踢時須以大腿帶動小腿，以膝關節為軸崩右足，勁力須集中在右足尖上。

【用　法】

接上動，若敵已被我擒拿住右手，必痛不可忍，急欲逃去，或走或抖，解脫其危，此時我也可不以擒拿為主，而轉以進攻為主，急提右足崩擊其陰部或心位；若敵已被我完全控死，同樣可取此法令敵喪命。如果我用「白馬扣蹄」之法拿住敵左腕時，也同樣可起右足崩踢其肋部，而令敵重傷。

（2）繼上動，右足繼續向左側運動，並向下落，停於左足之前，足尖內扣，兩足成倒八字，重心隨之也移至右足。上體也同時向左後旋轉約90°，目視左前方（圖1－182）。

【要　領】

①右足從起至崩、至落足，應成為一個整圓的運動，中間不可停頓緩勁；

②在右足運動時，左足也須隨之自然旋轉，須以足掌

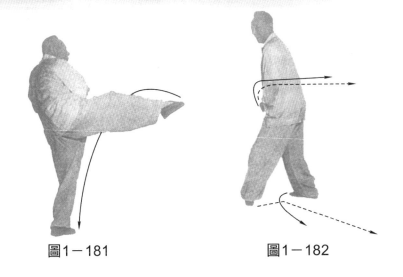

圖1－181　　　　　　　　圖1－182

為軸，足踵向內旋轉，務使下肢順勁為度。

【用　法】

右足落步時，咋看好像沒有技擊意義，無甚用處，其實不然。設我正起足崩踢前方之敵，突左側來敵，進足進拳擊我左肋，我可借轉身之勁，以左手封敵來手；同時，在右足落地時，直跺敵足面骨或足趾骨（若得機得勢時，也可採用跪法，以斷其膝關節），敵既傷足骨，則行走艱難，豈又有攻防能力，必束手待斃也。

6. 虎　形

繼上動，左足向左後方進一步，屈膝半蹲，落成順足；右足隨即跟進，也屈膝半蹲，落成外橫足，兩足仍成三體步。同時，兩拳上鑽，至胸前時兩拳變掌，並向內旋轉，循上弧線向前撲出，掌心向前，四指向上，高與胸齊。目視兩手之間（圖1－183）。

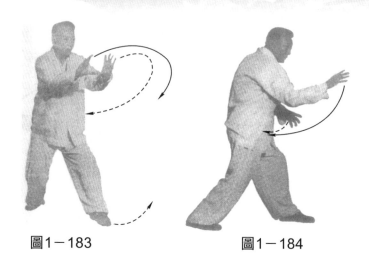

圖1-183　　　　　　　　圖1-184

【要　領】

①兩手撲出後須拇指相接，虎口相對；

②兩肘內合不可外宣；

③沉肩垂肘，聚膀按膊，兩臂似曲非曲，又似直非直；

④腰須挺而塌，胸宜出而閉；勁起尾閭，按之於膊，催之於膀，沉之於肘，達之於手；

⑤兩手撲出後，切不可前探伏身，探則前栽，失中之相。

【用　法】

虎形之用，威力甚大，然在其運用之時，必先封死對方，或將其引進落空而後用之，方為得道。否則，不封不閉，敵方處於中正防守狀態，即使用虎形擊打，雙手一出，勁力前衝，「家」中已無守門之人（指手），是十分

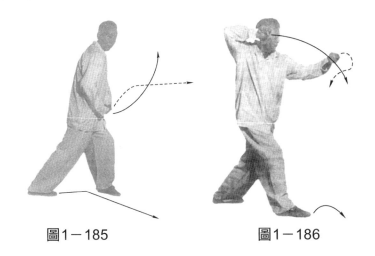

圖1－185　　　　　　　圖1－186

危險的。

　　若單言虎形之用，除有上虎形、中虎形、下虎形外，尚有走裡和走外之別。其用法於後文詳解，故在此不另復贅。

7. 右捋手

　　繼上動不停，左足向左前方寸進，屈膝半蹲。同時，兩手向右前方捋出。右足隨即跟進半步。目視前方（圖1－184）。

8. 懷中抱月（左）

　　【練法、要領、用法】均與前「懷中抱月」相同，唯兩手及方向相反（圖1－185）。

9. 左炮拳

　　【練法、要領、用法】均與前「右炮拳」相同，唯左右手及方向相反（圖1－186）。

圖1－187　　　　　　　　圖1－188

10. 老虎大擺尾（左）

【練法、要領、用法】均與前「老虎大擺尾（右）相
同，唯兩手、兩足及方向相反（圖1－187、圖1－188）。

11. 虎　形

【練法、要領、用法】均與前「虎形」相同（圖1－
189）。

五、炮拳收勢

以上四種炮拳練法，無論練習哪一種，其收勢之法均
同於此。

當練到原來起勢地點時，按以上回身法回轉（左右皆
可，但左轉身後須再打一鑽一劈）。

1. 左式三體勢（圖1－190）

2. 十字手（圖1－191）

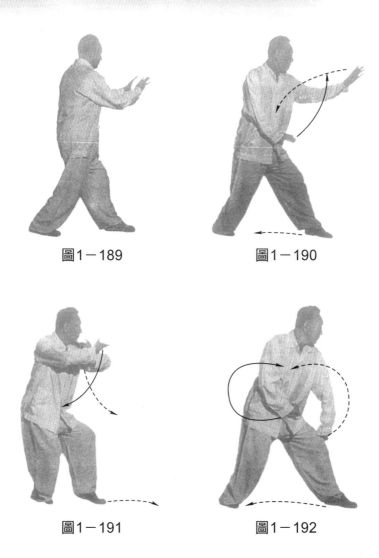

圖1－189　　　　　　　　圖1－190

圖1－191　　　　　　　　圖1－192

【練法、要領、用法】均與前「劈拳」收勢相同。

3. 提水勢（圖1－192）

【練法、要領、用法】均與前「劈拳」收勢相同。

圖1－193　　　　　　　　圖1－194

4. 平托掌（圖1－193）

【練法、要領、用法】均與前「劈拳」收勢相同。

5. 還原（圖1－194）

【練法、要領、用法】均與前「劈拳」收勢相同。

結　語

炮拳在五行之中與火相配，在五臟之中與心相配，是「一氣開合之運動」，合如包裹不露，開似炮彈突發，故如烈火炮彈突然爆發一般，其性最烈。

在五官之中炮拳又與舌相配，是因舌通心之故；在卦為離，其位於正南，是謂南方丙丁火；在氣為心氣，身通於手厥陰心包經、手少陰心經；在上肢主要運用手陽明大腸經、手厥陰心包經。

炮拳之用，從形式上看，似乎主以前崩之拳為之進攻

之手，而上架之手只為防禦，然其前攻之手是為明手，屬陽，陽手易被對方發現，所以也容易被對方破解，往往難以收到好的打擊效果（當然若對方處於無備，而我又出其不意，同樣可收到攻擊效果，這也不是絕對的），因此我們常常把前攻之手作為引手，是謂「陽手問路」。當敵方入我圈套，出手換勢固我前手時，我再突發左拳（用栽捶）擊敵頭部，或用指、或用攢拳點擊其面部要穴，這叫做「陰手打人」（前者為陽手，後者為陰手），此乃中炮拳之用法。上炮拳之用法與中炮拳基本相同，唯前攻之拳不在心位，而在於頭部之高位。下炮拳之用法，既是顧敵擊我腹部之來手，同時也是還擊敵腹部之攻手，其用法有如太極拳中之「摟膝拗步」，唯進攻之手不以掌用，而是以立拳或栽捶攻之。

　　以上四種炮拳之練法，鍛鍊目的各不相同，砸手炮拳不僅有前攻之力、上架之功，同時也有向下打擊之意，因此學練此拳時，應掌握這方面的技法；捋手炮拳除前攻、上架之手法、用法與上述相同外，應著重掌握捋手中的技巧；四角炮拳是採用捋手炮拳的練法，故與捋手炮拳相同。

　　四角炮拳是打擊四正之外的四斜，而且為了鍛鍊人體的靈活性，四角炮拳在每發出一拳之後，即行轉身，所以，這一節裡學者重點需要掌握的也就是「轉身」。轉身必須練到輕靈活潑，隨心所欲，因勢而轉，視情而旋，左右互易，無拘無束，宛如蛟龍遊蕩，活活潑潑；急如飛鷹翻身，電掣風馳，勿使僵滯、呆板和遲鈍。

虎炮合一，是融擒拿、手打、足打於一體的合併練法，因此需要上下左右相互變易地練習，同時也要注意練習的準確性，不可馬虎從事。久而久之，自能悟其拳理而握其要義。

第六節　橫　拳

橫拳練法，除有上、中、下三種高低不同的架子以外，還有定步、順步、裡橫、外橫等幾種不同角度、不同步法的練法。

下面介紹的是順步橫拳、拗步橫拳、寸步拗步裡橫拳、寸步拗步外橫拳、拗步下橫拳五種練法。

一、順步橫拳（路線圖 1－195）

1. 三體勢
2. 順步右橫拳

由三體勢，左足墊進半步，屈膝半蹲，落成外橫足；隨即右足進一大步，屈膝半蹲，落成順足，兩足成三體步。同時，左手以腕為軸向內橫屈，然後再繼續循內弧線向下勾、摟、領、拽收至臍前，握成陰拳；右手也同時變拳，循上弧線向前擊出，拳心向上，高與胸齊。上體隨之向左旋轉90°，目視前手（圖1－196）。

圖1－195

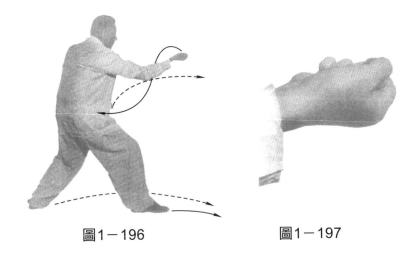

圖1－196　　　　　　　圖1－197

【要　領】

①左足墊進與左手內橫須同時動作；

②右足進步與收左手、出右手須同時動作；

③右足落地時左足踵不可離地上拔，或旋擰動搖，是謂定步紮根之練法；

④右拳出時雖須循上弧線向前擊出，但是肘至腕間的小臂應向前出，不可露橫，是謂「橫拳不露橫」之練法；

⑤右拳不可攥得過緊，且拳面須向左側傾斜，拳眼近似正面向前（圖1－197），使勁力集中於橈骨一側。

【用　法】

①設敵以右拳攻我心胸部時，我則以左手扣抓其腕或衣袖，隨之向左、向下捯領；同時，以右臂由敵腋下向前、向上穿挫其胸肋，並進右足踩至敵左（前）足之後，用右臂橈骨挫動敵身，左手複助以前送，迫使敵身向左側

圖1－198　　　　　　　圖1－199

仰，進而合力將敵打出。

　　②若敵借勢抽足、轉身欲逃時，我右手變掌抹眉，傷敵眼目，或用「翻手為雲，覆手為雨」之手法，取其二目。

　　3. 順步左橫拳

　　【練法、要領、用法】均與前「順步右橫拳」相同，唯方向及左右手足相反（圖1－198）。

　　4. 回　身

　　繼上動，左足以踵為軸，足尖內扣，屈膝半蹲，兩足成倒八字。上體隨之向右後旋轉90°，同時，左拳變掌，隨轉身時循上弧線扣按於胸前，掌心向下，四指向右，高與胸齊。目視左手（圖1－199）。

　　【要　領】

　　①扣步、轉體與左手動作須協調一致；

　　②轉身後重心須主於左足，右足只占三分勁；

③扣膝、合臀、塌腰、鬆肩、沉肘，氣沉丹田。

二、拗步橫拳

1. 三體勢

2. 拗步右橫拳

由三體勢，左足儘量向前進一步，屈膝半蹲，落成順足；右足隨即跟進半步，落於左足之後，屈膝半蹲，成外橫足。同時，右手變拳外旋，循上弧線並經與左手虎口外相摩，向前

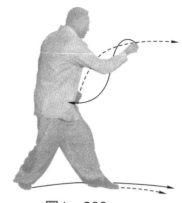

圖1－200

擊出，高與胸齊，拳心向上，拳腕左屈，使食指關節向前，勁力集中於橈骨一側；左手向回勾摟，收回至臍前成陰拳。目視左拳（圖1－200）。

【要領、用法】均與前「順步橫拳」大致相同，唯與順步拗步有別而已。

3. 拗步左橫拳

繼上動，左足向前進半步，屈膝半蹲，落成順足；右足隨即向右前方進一大步，屈膝半蹲，落成順足；緊接左足再跟進半步，落於右足之後，成外橫足。同時，左拳外旋，循上弧線經與右手虎口處相摩，向前擊出，高與胸齊，拳心向上，拳腕右屈，拳眼近乎向正前方；右拳變掌內旋，循向內、向右、向前之平弧半圓扣按於胸前，待與

左拳相摩擊出後復再繼續向
回勾摟，收至臍前，變為陰
拳。上體隨之向右旋轉 90°，
目視左拳（圖 1－201）。

圖1－201

【要　領】

　　①左足向前墊進與右手
內旋劃半圓平弧、按至胸前
的動作須同起同落；

　　②足進步與左拳出、右
拳入須同時動作；

　　③拳出至定位時，須爆
發出全體之寸勁，同時更須體現出橫拳之擺勁。

【用　法】

　　設敵由右側以右拳攻我右肋部時，我可進左步，施以
騰挪之法；同時，出右手扣按敵腕，或抓其衣袖向下、向
右拉領，緊接進右步踏其中門（走外），以左拳之寸勁、
擺勁猛擊敵胸肋，或點擊其要穴。

　4. 回　身

　　繼上動，右足循外弧線扣回至左足之前，屈膝半蹲，
重心在於右足；左足隨即扭正並提離地面寸許，置於右足
內側。同時，左拳變掌內旋，隨轉體時向內、向左、向前
劃半圓平弧，扣按在胸前（稍偏左），成內橫陰掌。上體
隨之向左後旋轉 180°，目視左手（圖 1－202）。

【要　領】

　　靈活迅速，穩健不浮，運轉圓活，無僵無滯，上下左

右配合協調。

【用　法】

繼上動，設敵於右後方攻我右腰部，我隨即向左扣右步，閃避其鋒銳，並向左後方急轉身；同時，左手繞弧扣按敵手，以備換勢進攻。

三、寸步拗步裡橫拳

1. 三體勢

2. 拗步右裡橫

由三體勢，左足收而復出，向左前方進一步，屈膝半蹲，落成順足；右足隨即跟進半步，落於左足之後約 2 分米處，落成外橫足。同時，右手循上弧、外弧線向左前方屈臂橫擊，高與口齊，拳心斜向內上方；左手先外旋後內施，向下劃一半周，復收至臍前成陰拳。上體隨之向左旋轉 90°，目視右拳（圖 1－203）。

圖 1－202

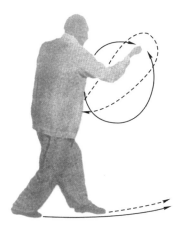

圖 1－203

【要　領】

①左足收回時，左手應變拳收回，再復向前、向上鑽起；

②拳鑽出時臂不可伸直，大小臂之間屈曲不小於90°，小指上翻，拳眼向前，如同熊形出洞；

③右拳向裡、向前橫擊時，須屈臂向前、向左斜擊，勁力應主於尺骨一側；

④出右手與進右步、收左手須同時動作。

【用　法】

設敵以右拳從正面擊來，我先用顧法，以左拳上鑽攔格其前臂內側，隨抓擰其腕，並向左、向下擰翻，使敵負痛而側身仰體，我再進左足踩至敵右足（前）之後，同時以右拳猛擊其心胸。

3. 拗步左裡橫

（1）繼上動，左足向前進半步，屈膝半蹲，落成順足；右足隨即提到左足內，離地寸許。同時，右拳內旋，並向左、向下、再向右、向上劃一圓弧，屈肘停於胸前。目視右拳前方（圖1－204）。

（2）繼上動不停，右足向右前方進一大步，落成順足，屈膝半蹲；左足隨即跟進半步，落成外橫足，兩足成三體步。同時，左拳屈肘，以前臂向前、向右橫擊，拳高與口齊，拳心斜向內上方；右拳向下內旋，收至臍前成陰拳。上體隨之向右旋轉90°，目視左拳（圖1－205）。

【要領、用法】均與前「拗步右裡橫」相同。

圖1－204

圖1－205

4. 回　身

取左右回身皆可，下面介紹的是左回身。

繼上動，右足循外弧線扣回至左足之前，屈膝半蹲；左足隨轉身扭正，並提回至右足內側，足掌著地。同時，上體向左後旋轉約180°，左拳隨轉體時向左、向下、向右、向前劃一整圓，屈肘停於胸前，拳高與口齊，拳眼斜向上左。目視左拳（圖1－206）。

圖1－206

【要　領】

①右足回扣、轉身、提左足與左拳的動作須協調一

致；

②拳擊出後大小臂之間約屈成 160° 左右，最小也不得小於 90°；

③左大臂與左胸肋之間須貼緊；

④肘宜內合，不可外宣；

⑤小指一側應向上翻，勁主於尺骨一側。

⑥ 用法與前「回身法」相同。

四、寸步拗步外橫拳

1. 三體勢

2. 拗步右外橫

由三體勢，左足收而復出，向左前方進步，屈膝半蹲，落成順足；右足隨即跟進半步，落於左足之後，成外橫足，屈膝半蹲，兩足成三體步。同時，左手先外旋、後內旋，循內弧線滾、裹、擰、翻，落於臍前成陰拳；右手變拳，向前並外旋，循內弧線由左手之下向右前方擊出，高與胸齊。目視右拳（圖 1－207）。

圖1－207

【要　領】

①左足收要與左手外旋、左橫的動作一致；

②進左足、出右拳與

左手內旋向回勾摟須一致；

③右拳向外橫擊時，要體現出橫拳的特點——擺勁。

【用　法】

設敵以右拳擊來，我用左手向左外旋，將敵右手向左橫格，復再內旋刁抓其腕或衣袖，並向下、向左領捋；同時，出右拳向右前方橫擺，打擊敵右肋部。

3. 拗步左外橫

繼上動，左足先向前墊進半步，落成順足，屈膝半蹲；右足向右前方進一大步，屈膝半蹲，落成順足；左足再向前跟進半步，落成外橫足，屈膝蹲成三體步。同時，右手收落臍前，左拳向左前方擊出。其動作均與「拗步右外橫」相同，唯左右手足及方向相反（圖1－208）。

圖1－208

【要領、用法】均與「拗步右外橫」相同，唯方向與手足相反。

4. 回　身

繼上動，右足循外弧線扣回至左足之前，屈膝半蹲；左足隨轉體扭正，收至右足內側，足掌著地。同時，左手隨轉身時循內弧線向下、向左、復再向上扣按於胸前。目視左手（圖1－209）。

【要領、用法】均與前回身法相同，請參閱前文。

圖1－209　　　　　圖1－210

五、拗步下橫拳

1. 三體勢

2. 拗步右下橫

　　由三體勢，左足收而復出，屈膝半蹲，落成順足；右足隨即跟進半步，屈膝半蹲，落成外橫足。同時，右手變拳外旋，循弧線經與左手之上側相摩，而後向前下方擊出，拳面向下，拳心向前，高與臍平；左手循內弧線向下摟領，收至臍前，握成陰拳。上體隨之向左旋轉90°，目視前手（圖1－210）。

　　【要　領】

　　左足收回時，左手變內橫陰掌按於胸前，同時右手變拳上提至心前；左足復進步時，左手收落，右拳向前橫擊托出；右手與左手上側須相摩之後再外旋，並向前、向下

擊出。

【用　法】

設敵以右拳擊我心胸部時，我以左手扣按其右腕，隨即以右下橫拳向前、向下擊敵腹、肋部。

3. 拗步左下橫

【練法、要領、用法】均與上動相同，唯方向及手足相反（圖1－211）。

4. 回　身

繼上動不停，右足循外弧線扣回至左足之前，屈膝半蹲；左足隨上體旋轉時扭正，並收至右足之前，成三體步。同時，左手隨轉身時循內弧線向下、向左、再向上扣按於胸前。目視左手（圖1－212）。

圖1－211

圖1－212

六、橫拳收勢

橫拳練到原起勢地點時，即行轉身法。成左式三體勢後，以下練法均與劈拳收勢相同，故從略。

結　語

橫拳在五行之中屬土，土位於東南西北之正中，故曰「中央戊己土」，旺於四季。土有滋生萬物之功，又有收納萬物之能，故培土以養物，其物自壯；破土而養物，其物自衰。在人身五臟之中土為脾。先天為腎，後天為脾，也就是說人的先天之真氣是由腎主宰，後天之真氣是由脾主宰。脾在五臟之中，其功能主於運化，整個身體中的營養物質全部是由脾來運輸到各個部位的，所以脾臟健壯的人，則肌肉豐滿、皮膚光澤，而且可以用後天之真氣充養先天之真氣所消耗的部分，這就是「後天養先天」的道理。

在五行拳中，有「橫拳為母，劈拳為主」之說，是講橫拳不僅有化生諸拳之功，而且又有克破諸拳之妙，無論手動、足動、進退、反側，其橫悉在其中矣。

附：五行拳歌訣

劈拳歌訣

任督循環意降升，劈隨息用手摩脛；
殺氣凌然儲肺意，動靜起落自分明。
劈拳似斧性屬金，專重調膀破敵營；
肺氣凌然身先進，擠勁著力落胸襟。

崩拳歌訣

拳發身出向前攻，摩手結合寸步行；
身似弩弓手似箭，射力舒肝內氣平。
崩拳似箭性屬木，起落曲直相繼平；
肝氣須發易勝敵，成功全在後足蹬。

鑽拳歌訣

順步鑽拳後足蹬，全力合出兩腎空；
上下交發水火濟，健身祛病保元精。
鑽拳似電性屬水，先計後勇智兼詭；
逼腎氣發腰力挺，擊敵鼻準顯神威。

炮拳歌訣

心陽蘊養必純青，殺氣先沉兩腎經；
二氣升降中既濟，炮發恰似動雷霆。
炮拳似炮性屬火，上正下斜十字和；

心沉一氣來應敵，突擊心扉勇難躲。

橫拳歌訣

脾主中進運自如，五行旋轉土中樞；
內外六合成一氣，其中真意滾盤珠。
橫拳似彈性屬土，左右輾轉切合弧；
脾氣吃緊不放鬆，鑽橫壓順向敵攻。

第二章

五行拳用法

　　五行拳不僅練法多種多樣，內容豐富，而且於用法之中所包括的範圍也是十分廣泛的，除有不同尺寸、不同角度、不同手法、不同步法的運用之外，同時還包括了摔、打、擒、拿、點穴、十四打法、十六練法，以及對十二形拳的運用，所以說「形意拳五行為先，論身法六合為首」，其理就在於此。

　　五行拳之用法，粗略言之是為可用，若細究其用，實屬可用而不可用。所謂說可用者有三：

　　其一，就劈論劈，以崩說崩；見義勇為，為民除害，可用。

　　其二，對方不是我友，而是我之敵人時，可用。

　　其三，雙方切磋技藝時，對方技藝與我不相上下，本著互相學習，互相提高，取長補短，也謂可用之法。

　　所謂言其不可用者也有三：

　　其一，對老弱病殘、儒少弱婦，不可用。

　　其二，違背常理、無德行可施者，不可用。

　　其三，乃是因為五行拳本身就有多端之變化，何況技擊一事，雙方對壘，都處於千變萬化之中，若仍以固定不

變之法而攻之，很難達到克敵制勝之目的，即使是你慣用的「絕招」，恐怕在與敵周旋之中也一時難以施展，故還須在與敵周旋之中，千方百計為揚己之長而創造條件，就其勢而變，應其形而化，窺其空而入，視其虛而攻，全在於機智靈活、眼疾手快、陰陽互易之運用。

所以拳術在運用之時，只有魯莽而無機智，只有靈活而無沉穩，只有上下內外之合，而無心毒、眼毒、手毒之恨，同樣難以取勝，故拳經云：「視人如毫草，放膽必成功。」若遇敵而心怯，則拳也為不可用之拳。

所謂「絕招」，筆者認為：一是毒手，也就是可以置人於非命之法；二是習武者一生慣用之手法。

比如你在練習形意拳中覺得使用劈拳十分得心應手，而我在崩拳中得到了技巧，於是無論在何時何地與人交手，總要為使用自己得心應手之手法而創造條件，於變化中尋找間隙，一旦得機得勢，便使出自己慣用之手法來取勝於人，這大概就是所謂的「絕招」吧。因此「絕招」並沒有固定不變的招法，老師也不會規定出哪一個是絕招，哪一個不是絕招，其理其妙盡在習者自己摸索耳。

如果老師規定出劈拳「甲」的用法就是「絕招」，教給了你和其他的徒弟，你又傳給了你的眾徒弟，這樣下去，人人都會、都知，「絕招」又豈能稱其為「絕」呢！因此，對於五行拳之變化及運用一節，雖耗千言萬語，也難道其詳，所以說其變化「神妙莫測」。

五行拳於運用之中，無論千變萬化，終不外乎顧、打二字，不顧而打，不如顧而不打；只顧不打，不如先顧後

打；先顧後打，不如連顧帶打；連顧帶打，不如顧中有打、打中有顧。當然，對於初學者來說，只有「先打顧法後打人」，才能漸至「遍身是法」，此乃是啟蒙之訓。

今之所以言其用法，是為繼承武術國粹，揚我國光，禦敵之辱，克敵之侵，誠望習者以強身健體為本，以防身自衛為尚，以發揚武德為旨，切不可恃強好勝，爭高鬥惡，仗藝欺人，招災惹禍，以致未滅人而先自滅也。

第一節　劈拳用法

劈拳用法，從手法上來講，主要有劈、斬、挫、點、托、擒、拿、穿、戳、掃、塌、抓、砍、按、砸、裹、領、勾、切、斫等用法；從肘法上講，主要有滾、裹、擰、合、拽、沉、跌、翻、頂、擺等用法；從膝的用法上來講，主要有蹭、跪、提、點、別、拔、轉等用法；從足的用法來講，主要有踩、踢、跺、踏、掃、切、勾、掛、崩、別、點、拿等用法。以至於肩、胯在劈拳的變化中均有其妙用，故非僅僅劈之一法而終。

一、順步外劈拳

設甲、乙二人對面站立，均右足在前，成三體勢，相距約6.6分米（二尺）遠近。

乙：右足墊進半步，落至甲右足之前約2分米（六七寸）處，成外橫足；左足進一大步，落於甲右足之後，成為內橫足。同時，右手向左前下方按壓甲右腕；左手變拳

擊甲胸肋。

　　甲：在乙墊進右步的同時，左足也向後退半步，仍落成外橫足；緊接右足收而復出，繞弧落在乙左足外側之後，成內橫足。同時，收右手，出左手，抓領乙左腕，向前、向左推領，使乙側身向我；緊接右手向上、向前置於乙左肩之內側，然後合力將乙劈出。

　　【要　領】（甲）

　　①左手推領乙左腕時，須先領而後推，循之以圓弧；

　　②右手出時須與右足進步一起動作，並爆發出全體之合力；

　　③右足進步時，須以脛骨、膝骨蹭、頂乙之左腿腓骨及膝骨外側。

　　【說　明】

　　以上劈拳用法係往出「發人」之法，並非致敵於傷殘之手，更非致敵於非命之毒手。

二、拗步外劈拳

　　設二人對面站立，均左足、左手在前，成三體勢，相距約6.6分米遠近（以下均稱「預備勢」）。

　　乙：左足墊進半步，落成外橫足，距甲左足前約2分米遠；右足進一大步，落於甲左足外側之後，落成內橫足。同時，左手按壓甲左手腕，右拳擊甲胸肋部。

　　甲：當乙墊進左步時，同時也退右足半步，仍落成外橫足；隨即左足收而復出，向左前方進一步，落在乙右足外側之後，成內橫足。同時，左手向後、向左、向前下方

領捋、推按乙之左腕，右手隨即向上、向前置於乙左肩內側，然後合力將乙拋出。

【要　領】（甲）

①退右步時須與乙墊進左步同時動作，而且應先於乙方之動，是謂「彼不動，己不動；彼若動，己先動」；

②進左足與左手領捋推按同時動作；

③左足踏下時須與右手劈出同時動作。

三、順步裡劈拳

預備勢（圖略）

乙：左足墊進半步，落成外橫足，置於甲左足之前約2分米處；右足進一大步，落於甲左足之後，成內橫足。同時，左手向前、向下按壓甲左手腕，右手直劈甲胸頸部。

甲：當乙墊進左足時，左足也同時退步，落至右足踵之後，成外橫足；右足復進一步，踩在乙右足內側之後，落成順足。同時，左手向前、向下推按乙右腕，右手劈乙胸頸部。

【要　領】（甲）

①右足進步與右手劈出，須同時動作；

②上下內外須全體合力，發出整勁，更須爆發出寸勁。

四、左中劈（一）

預備勢

乙：進右步以右崩拳擊甲心位。

甲：右足先向後微退，仍落成外橫足；同時，左足隨即進步，落至乙右足外側之後，落成內橫足。同時，右手上穿內旋，向下、向右捋領乙右腕；左手以橫陰掌（掌心向下）之外沿劈擊乙右肋軟骨處。

【要　領】（甲）

①右足收與右手領捋須同時動作；

②左足進與左掌橫劈須同時動作。

五、左中劈（二）

預備勢（圖略）

乙：墊進左步，落成外橫足；復進右步，踩在甲左足之後。同時，以左拳擊甲面部。

甲：在乙墊進左步時，左足也同時退步，落至右足後側；復右足進步，踩在乙右足之上，足尖微向外撇；左足也隨之跟進半步。同時，以右手刁抓乙左腕，並向右、向下擰翻，迫使乙仰胸側身；復以左手內橫陰掌力劈乙心胸部。

【要　領】（甲）

①右手抓領乙腕時，須有裹、抓、擰、翻之勁，而且一定要將對方控制住，使乙方暫失重心，然後才可攻之；

②左手橫劈時，四指須併攏伸直，成單合掌（或稱柳

葉掌），勁力主要集中於小指一側的掌外沿上；

③左橫劈時，須與左足同時動作，並須旋腰抖尾，爆發出全體之寸勁。

六、左橫劈

預備勢

乙：左足向前墊進半步，落成外橫足，停於甲左足之前約 2 分米處；右足隨之進一大步，落至甲左足外側之後，成內橫足。同時，左手向前下方按領甲左手，右手以崩拳擊甲腹部。

甲：當乙墊進左足時，右足也向後退半步，仍落成外橫足；左足收而復出，踩至乙右足外側之後，落成內橫足。同時，以右手向下、向前順其勁而按領乙右腕；左手繞外弧線向上，以陽掌橫斫乙右頸部。

【要　領】同上。

七、右橫劈

與「左橫劈」相同，唯方向及手足相反。

【要　領】同上。

八、左斜劈

預備勢

乙：進右步，出右手，以劈拳擊甲頸部。

甲：先退右步，復進左步。左手內旋上提，以肘臂向上、向左架起乙右臂；同時，出右手下按乙之左手。同

時，左足寸進步，落於乙右足外側之後，成內橫足。左手隨著進左步時，循上弧線向前、向右、向下劈擊乙右肩內側之頸部及鎖骨。

【要　領】同上。

九、外雙劈

預備勢

乙：左足墊進半步，落成外橫足，踩於甲左足之前約2分米處；右足隨即進一大步，踩至甲左足之後，落成內橫足。同時，左手下按甲左腕；右手變拳上鑽，以順步右鑽拳擊甲鼻準。

甲：右足於乙進左步的同時也退半步，仍落成外橫足；左足隨即收至右足之前約2分米處，足掌著地。同時，右手變拳向上鑽起，將乙右拳橫格於右側；同時，左手也變拳收至右肘內側。目視乙面部。

上動不停，左足進踩，落於乙右足外側之後，成內橫足。同時，上體向右旋轉，兩拳同時變掌，右手向前下方劈出；左手向上、向前劈出，將乙摔出。

【要　領】（甲）

①退右步須與右手上鑽外格同時動作；

②進左步與兩手劈出須同時起落，不可有先有後；

③要注意體現「身以滾而進，手以滾而入」之要義；

④上下內外均須相合為一，並爆發出抖絕之寸勁。

十、裡雙劈

預備勢

乙：左足墊進半步，落成外橫足；右足隨之進一大步，落成內橫足，踩在甲左足外側之後。同時，左手下按甲左手，右手以崩拳擊甲心位。

甲：右足向後退半步，仍落成外橫足；左足隨即收至右足之前約 2 分米處，足掌著地，成左虛步。同時，右手抓領乙右腕（拇指在上，四指在下，虎口向前），向右、向上撐領，迫使乙側身仰胸。緊接伏身由乙右臂之下鑽過（即由乙右臂外側鑽入裡側），將乙右肘置於右肩之上，右手握其右腕向下拉領，左手也扣在右手之上，兩手合力下搬，肩往上挑勁，迫使乙因負痛而斜身提踵。甲繼發暴力，乙之臂即斷矣。

上動不停，甲上體向左後轉身，左足踩至乙右足外側之後，落成內順足。同時，兩拳變掌，並向前、向下、向左力劈乙胸心部，將乙拋出。

十一、8 字劈拳（一）

預備勢

乙：進右步，衝左拳擊甲心位。

甲：右足不動，左足微向後收，停於右足之前約 2 分米處，足掌著地，成虛步。同時，以右手先向左劃弧，復用虎口叉其右手腕向右引領，突再向上、向左抓撐其右腕，使乙負痛而側身仰體，此時乙已被我完全控制，則任

我擺佈或擊打。

此法為單手擒法，若用之得機、得勢，完全可以制服對方。

十二、8字劈拳（二）

乙：進右步，衝右拳擊甲心位。

甲：以右手虎口叉其右腕，向右、向前引領，至乙胸前時右手四指抓住其胸部衣服；左手托其右肘，再向前發出，同時爆發寸勁，也足可以將乙拋出。

此法若使用得當，不但可以將乙拋出，而且當乙在吸氣時，甲方握其前小臂一而再、再而三地連續向前發勁，也可以令敵吐血而傷，故非敵不可輕用。

十三、後劈拳

預備勢

乙：進右步，以右崩拳擊甲腰肋。

甲：左足向左前方進步，落於乙右足之外側後方，成順足；右足隨即跟進。同時，左手向右托乙右肘，將乙拳引進落空；右足隨即提進，置於左足內側；右拳同時向上鑽起。

上動不停，右足進步，踩在乙右足面上。同時，右拳變掌，以掌外沿力劈乙後頸部。

【要　領】（甲）

①左足進時，與左手攔截乙右臂同時進行；

②右足進時，與右手力劈須同時動作。

十四、上劈拳

預備勢

乙：進右步以右劈拳擊甲左頸部。

甲：左足向後微收，足掌著地，成左虛步。同時，左肘上提，左手內旋，掌心向前，四指向右，屈肘橫置於左肩前上方，將乙右臂架起；右手也同時向前、向上推託乙右手腕，準備下動進攻。

上動不停，左足復向前踩進，落於乙右足外側之後，成內橫足。同時，左手外旋，向前、向下劈出，力斫乙右肩之鎖骨；右手也同時向下推託乙右腕於乙胸部，與左手同時發出寸勁，將乙拋出。

【要　領】（甲）

①左手下劈時，勁力應集中於小指一側的掌外沿上；

②左手與左足、右手須同時動作，合成整勁；

③左掌劈出後肘須內合，不可外宣。

十五、劈拳之斬

預備勢

乙：進右步以右鑽拳擊甲鼻準。

甲：左足微收，落於右足之前約2分米處，成左虛步。同時，以左小臂向上、向左攔截、架起乙右臂，掌心向前，四指斜向右上方；右手置於胸前，掌心向下，作護心掌。目視乙面。

繼上動，左足前進一步，踩至乙右足外側之後，落成

內橫足。同時，左掌外旋，並向前、向右以橫掌斬擊乙右
頸部，使乙負痛而栽。

【要　領】（甲）

①左手架起時須有滾帶之勁，最妙是以尺骨之中部將
乙右臂架起，以使我左手更能接近於乙右頸部；

②左手橫斬時，四指須併攏，勁力應貫注於小指一側
的掌外沿上。

十六、劈拳之挫

預備勢

乙：進右步，以右崩拳擊甲心部。

甲：左足收而復出，踩至乙右足外側之後，落成內橫
足。同時，右手向左抓領乙右腕；左手向前、向上穿出，
直挫乙右鎖骨或右頸部。

【要　領】（甲）

①足進步時，脛骨及膝蓋須有蹭勁，將乙右足拔起；

②手領捋時，須有按勁。

十七、劈拳之點

預備勢

乙：進右步，以右崩拳擊甲鼻準。

甲：左足收而復出，踩至乙右足處側之後，落成內橫
足。同時，左手上鑽，並由左向右滾截乙之右肘、臂，緊
接左手外旋，以中指點擊乙右頸大靜脈穴。

【要 領】

①左足進時，須以脛骨及膝蓋骨內側蹭其右腿外側，使乙拔根；

②左足進、左臂肘顧與左手指點擊須一氣呵成；左手橫顧乙右肘時不可用手，而用小臂滾、裏為妙。

十八、劈拳之托

預備勢

乙：進右步，以右拳擊甲胸部。

甲：右足（在後）先退半步，仍落成外橫足；左足隨即收回，置於右足前約 2 分米處，以足掌著地，成左虛步。同時，左手握拳上鑽，置於乙右臂外側，並向右、向前滾裏攔格，再向下按壓乙臂；右手隨左手按壓時由拳變掌托擊乙心部。左足也同時進步，踩在乙右足外側之後，落成內橫足。

【要 領】（甲）

①兩足退時，須與右手上鑽攔格協調一致，配合默契；

②左足進步時須與右手托出動作一致；

③右手托時須由順掌變為橫掌（即四指向右），用掌根猛托乙心位，爆發出全體之整勁。

十九、劈拳之擒法（一）

預備勢

乙：進右步，以右栽捶（即單馬形）擊甲面部。

甲：微退左足，落於右足之前約2分米處，足掌著地，成虛步。同時，右手內旋向上，刁抓乙右腕，並向右撈領；左手握乙右肘，助以右手向右領捋，將乙引進落空，呈前栽之相。

乙：為了挽救自己失中，必欲後拽。

甲：借乙後拽之勁，右足向前進一步，落至乙右足內側之後。同時，右手緊握乙右腕，向前推進，使乙右臂屈成90°，這時將全身之勁貫注於右手，向前、向下撙扣，使乙負痛而屈膝下蹲。

【要　領】（甲）

①收右足、右手刁捉與左手抓肘須同時動作；

②進右足與右手撙扣須同時動作；

③全身之勁氣須集中於右手之上，右手又集中於拇、食、中三指上更妙。

二十、劈拳之擒法（二）

預備勢

乙：以右劈拳擊甲左頸部。

甲：左足收而復出，落至乙右足外側之後，成內橫足。同時，左手外旋、向內劃弧，以虎口叉住乙左手腕外側，再向左、向前、向上推託，將乙左臂橫控於乙心胸部，再向右翻撙，將乙擒住，令乙負痛而側身仰體。

【要　領】（甲）

①左足收時須與左手動作一致；

②左足進步時須與左手推進同時動作；

③以上兩動務須緊湊連貫，一氣呵成，不可停滯；

④左足進時腓骨與膝蓋骨須有蹬勁，將乙方右腿拔起，使乙勁散失中，以備另換招法擊之。

二十一、劈拳之拿法

乙：進右步，以右崩拳擊甲心位。

甲：右足（在後）先退半步，仍落成外橫足；隨之左足收回，置於右足前約2分米處，足掌著地，成虛步。同時，右手上鑽刁抓乙右腕，左手抽回置於臍前成陰拳。

上動不停，左足復向前進一步，踩至乙右足外側之後，落成內橫足。同時，右手握乙右腕向下擰翻；左臂上挫乙右肘關節，使乙右肘負痛而向內翻；左肘復再向下、向左挫壓，則使乙肘關節嚴重傷損，此招謂「張飛鍘草」。

【要　領】（甲）

①挫動要猛，動作要連貫；

②左臂上挫時，勁力要集中於尺骨之上；

③要爆發出寸勁。

二十二、劈拳之穿

乙：進右步，以右鑽拳擊甲鼻準。

甲：進左步，以左劈拳還擊乙，當左劈拳接近乙胸前時突然外旋變為陽掌，沉肘向前上方穿擊乙咽喉部及大靜脈穴。

【要　領】（甲）

①足進步時，脛骨與膝蓋內側對乙之右腿外側須有蹭勁；

②左劈拳進時首先要挫動乙右肘關節；右手須向下擰翻，兩手相合為整勁；

③左手外旋前穿時，四指宜並齊，掌指要伸直，以中指向前領勁；另外也可使用劍訣掌向前穿擊。

二十三、劈拳之戳

乙：進右步，以右崩拳擊甲心胸部。

甲：左足收而復出，踩在乙右足外側之後，落成內橫足。右手刁抓乙右腕向右、向下領拽；同時，以左手由乙右臂上側向前、向上穿戳，掌心向下，四指向前，直戳乙二目。

【要　領】（甲）

①彼不動己不動，彼若動己先動；

②乙右足進時，甲左腿膝部須有頂勁與撥勁，不令乙將左腿拔起；

③進左步時須有跪勁；

④出左手時，勁力應集中於小臂一側的尺骨之上，並須沉肘力挫乙右臂肘部，直向前上方穿戳，其中雖然有橫勁，然有橫而不見橫，實橫已寓於其中了；

⑤ 手掌向前穿戳時，四指應自然分開，手掌與小臂成一直線。

二十四、劈拳之掃

乙：進右步，以右鑽拳擊甲面部。

甲：兩足不動，以右手及小臂向左攔格乙小臂內側，掌心向內，四指向上，屈肘置於胸前。

上動不停，緊接右手內旋，並向前、向右橫掃乙二目，掌心向下，四指向前；當右手橫掃至乙頭部左側時，右手再向外旋，成掌心向上，四指仍向前，復再向左橫掃。

【要　領】（甲）

①右手攔格時，須有滾裹之勁，其勁力主於尺骨；

②沉肩垂肘，小腹微向內吞收；

③右手橫掃時，勁力應集中於四指尖端；

④左右橫掃須連續不斷，一氣呵成；

⑤以腰帶身，以身帶肩，以肩帶臂，以臂帶手，以手帶指，形成全體之整勁，動作要靈活敏捷、乾淨俐落。

二十五、劈拳之塌

乙：以右栽捶擊甲面部。

甲：左手向前、向上穿起，以小臂及肘將乙右臂向左挫格；同時，以四指直戳乙咽喉部，待乙負痛而仰體時，我左手之勁，突然下移至手掌根部，同時爆發出整勁，猛擊其華蓋。

【要　領】（甲）

①四指向前、向上穿、戳時，勁力應集中於中指、無

名指與小指一側,並用掌的外沿將乙催起;

②掌根向下塌時,四指之勁宜全部放鬆,移至小田上。

二十六、劈拳之抓

乙:以左劈拳攻甲右頸部。

甲:兩足不動,左手抓乙左腕向左、向下領捋;同時,右手四指置於乙面部;

上動不停,右手內旋,變為鷹爪,復向前、向下抓乙面目。

【要　領】(甲)

①右手起時須有滾勁;

②右手變鷹爪後,勁力應集中於四指尖端;

③右手向下抓時須沉肩、垂肘,不可飄浮。

二十七、劈拳之蓋

乙:以左劈拳擊甲右頸部。

甲:稍退右步,同時出左手,並向上內旋扣按於乙左腕之上,緊接向左下方領捋,將乙引進落空。

上動不停,右足向前進一步,踩至乙左足內側之後,落成順足。同時,以右手背由下向上、向前猛蓋擊乙面部。

【要　領】(甲)

①左手領捋、右足退步,要同時動作;

②左手領捋須借其順勁,不可悖逆硬頂。

二十八、劈拳之撲

乙：進右足，以右崩拳擊甲心部。

甲：左足微向後收，落於右足之前約2分米處，成左虛步。同時，以左臂向右下方橫格乙右臂，將乙引進落空。

上動不停，急用右手撲面掌打擊乙面部。

【要　領】（甲）

①收左足與出左手須同時動作；

②進左足與出右手撲面須同時動作；

③右手撲面掌要以掌心對準乙鼻部。鼻通肺為金，心為火，故有「火到金化」之功。

二十九、劈拳之砍

乙：進左步，以左鑽拳擊甲鼻準。

甲：左足收回，落至右足之前約2分米處，足掌著地，成左虛步。同時，右手內旋並向右、向上滾裹擰翻，掌心向前，四指向左上方，置於右肩前上方，將乙左拳向右攔截架起；左手收回至心前，掌心向右，四指向上成立掌，上體隨之微向右旋。

上動不停，左足向前進一步，踩至乙左足內側之後，落成順足。同時，右手外旋，向左下方斜砍乙頸部左側，掌心向上，四指向前，上體隨之向左微做旋轉。

【要　領】（甲）

①收左足、起右手須同時動作，不可分有先後；

②進左步與右手砍出，須同時動作；

③以上兩動須連貫，不可停滯遲緩；

④擰身出掌，轉膀調肩，抖尾旋腰，爆發抖勁。

三十、劈拳之砸

乙：以順步左崩拳擊甲心位。

甲：左足先退至右足之後約 2 分米處，落成外橫足，重心隨之移至左足；右足提踵成右虛步。同時，左手下落，並向左下方刁領乙右腕；右手握拳，屈肘上提至右肩前側，拳心向前，拳眼向下。

上動不停，右足進一步，踩至乙左足外側之後，落成內橫足。同時，左手抓乙左腕向下擰領；右拳外旋向前、向下砸打乙左大臂之肩髃、臂臑、三里等穴。

【要　領】（甲）

①退左足時須與左手刁領乙腕同時動作，配合緊密；

②進右步須與右拳下砸、左手擰翻同時動作；

③右拳下砸時，握拳不宜過緊，勁力應集中於中指根節；

④腕部不可僵直，宜鬆而靈活，用甩腕抖拳下砸。

三十一、劈拳之捏

乙：以順步右崩拳擊甲心位。

甲：收左足於右足前約 2 分米處，足掌著地。同時，出右手刁領乙右手腕，並向右後下方領捋；左手向前、向上穿，以左小臂挫乙右肘。

上動不停，左足進一步，踩至乙右足外側之後，落成內橫足。同時，左手繼續前伸，用虎口叉住乙頸部右側，並以大拇指捏乙喉部高骨；右手仍緊擰乙右腕不鬆。

【要　領】（甲）

①左足收回、左手前伸與右手刁領乙腕，三者須同時動作；

②左足進步、左手捏喉、右手擰翻，三者須同時動作；

③左足進時，脛骨與膝蓋內側須對乙腓骨施行蹭勁；

④左手前挫時，勁力應集中於尺骨及肘部。

三十二、劈拳之抹

乙：以順步右崩拳擊甲心位。

甲：左足收而復出，踩在乙右足外側之後，落成內橫足。同時，出右手向右下方刁領乙右腕；左手向前、向上按於乙面前，四指由右向左橫抹。

【要　領】（甲）

與上式「劈拳之捏」基本相同，請參閱。

三十三、劈拳之裹

乙：以順步右崩拳擊甲心位。

甲：左足收而復出，踩在乙右足外側之後，落成內橫足。同時，左肘內裹、右手刁領乙右腕，兩手以左劈拳劈乙面部，迫使乙再出左手護己面部。

借乙左手推架之勁，左手內旋下翻刁領乙左腕，並向

左、向下、向回扳摟；同時，右手以臂裹擊乙左肘，使乙斷肘或重傷不舉。

【要　領】（甲）

①右臂裹挫與左手扳摟須合成整勁；

②裹挫之臂的勁力應集中於小臂尺骨之上；

③左足進時脛骨內側須對乙腓骨進行擠蹭，且膝須內合，以護襠，以防乙起足撩陰。

三十四、劈拳之截

乙：以順步右崩拳擊甲心位。

甲：左足收而復出，並以右手刁握乙右腕向下擰翻；左手握舉向下點截乙右臂要穴，使乙右臂痛不能舉。

【要　領】（甲）

①右手擰挎與左手向下點截，須合成整勁；

②重心須微向後移，上體須伏身吞腹；

③劈拳之截，也為下劈拳。

三十五、劈拳之切

乙：以順步右崩拳擊甲心位。

甲：站右式三體勢，右足後收，落於左足之前約 2 分米處，足掌著地，成右虛步。同時，出左手反扣乙右腕，拇指向內，四指向右，並向左後下方領拽。緊接，右足復進一步，踩至乙右足內側之後，落成順足。同時，右手向前、向上挫擊乙右鎖骨，掌心向左，四指向前；左手仍扣抓乙右腕，向左後下方繼續領拽。

【要　領】（甲）

①收右足與左手反扣乙腕須同時動作；

②進右步與出右手挫切須同時動作；

③以上兩動須連貫，不可停頓遲緩。

三十六、劈拳之滾肘

所為「滾」，即肘與臂旋轉。滾肘分為內滾與外滾。內滾用於右臂向左攔格制約對方右臂之內側、右臂向左攔格制約乙左臂之外側；左臂向右攔格對方左臂內側、左臂向右攔格對方右臂之外側。外滾用於右臂向右攔格制約對方之右臂外側、向右攔格制約對方左臂之內側；左臂向左攔格對方右臂內側和左臂外側。也就是說，以右臂滾肘，欲向右制約對方右臂時，須向左滾帶，並向前按壓，手臂須向外旋；以右臂肘滾制對方右臂時，須向右滾帶，並向前按壓，手臂須向內旋。以左臂肘滾制對方左臂時，須向左滾帶，並向前按壓，手臂須向外旋。左臂肘使用滾制之時，與右臂肘用法相同，唯方向相反而已。

劈拳之滾肘，雖說不足以擊人、傷人，但卻足以制人，它既能將對方領進落空、失去進攻能力，又能使對方暫時失中、受制於我，因此滾法歷來被拳家所重視，所以有「身以滾而進，手以滾而入」經驗之論，「滾」於拳術中乃為不可缺少的重要技法之一。

三十七、劈拳之擰肘

劈拳之擰肘，雖說意氣勁力均須集中於肘上，然而擰

肘是由轉手旋臂來完成的，所以說旋臂轉手與擰肘是一個整體動作。

擰肘旋臂，能使小臂中的尺骨與橈骨由平行而變成互相交叉的形狀。尺、橈二骨平行（或稱「順行」），便於發放順勁（如崩拳即如此），故有向前的衝勁與頂勁；當旋臂擰肘時，尺橈二骨變為交叉狀，對於左橫、右橫、裡裏與外裏均有輕勁省力、巧妙順守、克破對方、變換中心的效果，尤其在向回帶領時，擰肘則更顯得必不可少。

三十八、劈拳之合肘

在練習劈拳時，無論是起鑽，還是落翻，肘皆宜內合而不可外宜。兩肘內合可使全身勁力集中，發出整勁；反之，則勁力分散難聚，發力也不整。

從上肢的運用來講，手為梢節，是運動中的第一道防線；肘為中節，是運動中的第二道防線；肩膀為根節，是運動中的第三道防線。

「兩手不離心，兩肘不離肋」，也就是說，如果我第一道防線失中時（手離開了中線），則肘必居中，用第二道防線來守護自身，所以唯有合肘方能盡其妙用。在雙方對壘中，難免有失中的時候，學者掌握好這三道防線，就可臨危不懼。

從肘的技擊運用來講，則謂「肘欲開時必先合」，先收後伸，先合後開；先左後右，先右後左，才能使肘合而有力，攻而有勁，聚而不散，開而猛烈，收效卓著。

三十九、劈拳之沉肘

鬆肩沉肘或沉肩墜肘，是為形意拳之要義。鬆肩沉肘，一般主要是運用在因勢利導、聽勁的運轉過程中；沉肩墜肘，則是運用于進攻時的勁力突然爆發，學者不可以不分。然而沉肩墜肘，必須內含按膊之勁氣，不然，膀則鬆散無力。所以講沉肩，必須按膊，按膊才能使腰背之勁力通過膊而傳於膀、再傳於肘、再傳於手。「膊」實在是勁力傳遞之橋樑也。

沉肘不論對於防守與進攻，都是非常重要的。防守時運用沉肘，有克破對方進攻之巧；進攻時使用沉肘，有使對方不可抗拒之力。況「中節空，則節節空」，肘不沉而上肢飄，膊不按而兩膀搖，不僅不足以攻人，且防守也難以堅固，交手時定為進攻之弊病，是為形意拳之一大忌也。

這裡也需要給學者講清：沉肘之大要，重在意氣，而不在拙力。以意沉肘，則變化靈敏，轉動迅速，且輕勁省力；若以拙力而為之，則僵滯呆板，變化失靈，動作遲緩，拘泥而不活，必受制於人也。

四十、劈拳之跌肘

所謂「跌肘」，即是由上往下降落之運動，是劈拳在進攻時的重要手段之一，而且是進攻中的一種「殺手」，因此《拳經》云：「起也打，落也打。」正此之謂也。正因為跌肘對人的損傷極大，更有當場斃命之危，因此前輩

在傳授時總是閉口不談跌肘的用法。

跌肘主要運用於進攻之時，其運用的火候則在於「起鑽」後的「落翻」之時。落翻不只是手的方向變化與旋轉，更重要的是指意、氣、勁、力的轉換，由指端到掌根、由虎口到小田，都為之勁力的轉換和變化。

肘的用法頗多，下落為跌肘，向前為順肘，向上為頂肘，向左右兩側為橫肘……以至於還有壓肘、挫肘、擺肘、拽肘，等等，雖叫法不同，名目繁多，然而歸納起來，終不外乎四正四斜之運用耳。

四十一、劈拳之蹭

所謂「蹭」，是指下肢自足至膝（包括脛骨與腓骨）部分的用法。蹭，是以我方之小腿蹭擦對方之小腿。蹭，分為裡蹭、外蹭、正蹭與反蹭。

裡蹭，是我之左足置於對方右腿之外、右足置於對方左足之外側時，使用我小腿裡側之脛骨，蹭擦對方左（右）小腿外側之腓骨，向我裡側蹭，謂之裡蹭。

外蹭，是我之左足置於對方右足之裡側、右足置於對方左足之裡側時，用我小腿外側之腓骨蹭擦對方小腿內側之脛骨，向我方外側蹭擦對方，謂之外蹭。

正蹭，是我之左足置於對方左足之內側、右足置於對方右足內側時，用膝蓋骨和脛骨蹭擦對方小腿內側之脛骨，是謂之正蹭。

反蹭，是指我之左足置於對方右足內側、右足置於對方左足之內側，或我左足置於對方左足外側、右足置於對

方右足之外側，而我之足均須落成外橫足，並以我小腿外側之腓骨蹭擦對方小腿內側之脛骨或外側之腓骨，謂之反蹭。

無論是裡蹭、外蹭、正蹭或反蹭，都具有拔起對方根基、搶佔他位的作用，所以，當對方之根基一旦被拔起，則有失中之相、傾跌之危。蹭法雖不足以傷人、損人，但確足以制人，為後來之進攻創造良好的條件，起到開拓的作用。

四十二、劈拳之跪

所謂「跪」，是以我方之小腿跪壓對方之小腿的方法。跪壓之法，分為裡順跪、外順跪、裡反跪和外反跪。

裡順跪（也稱「正跪」），是我之左足置於對方右足之外側，右足置於對方左足之外側，然後使用我小腿內側之脛骨、膝骨，對準對方小腿外側之腓骨突然向前、向裡爆發寸勁，令敵小腿骨應聲而折。

外順跪，是我之左足置於對方左足之內側，右足置於對方右足之內側，然後向前、向下突發寸勁。

裡反跪，是我之左足置於對方右足之內側，右足置於對方左足之內側，均落成外橫足，然後突發寸勁。

外反跪，是我之左足置於對方左足之外側，右足置於對方右足之外側，同樣均落成外橫足，然後突發寸勁。

以上四法既是進攻時令敵腿折骨斷之技，同時也是破敵之一破法。然使用破法時，必須是「寧在一氣先，莫在一氣後」，須在其足正落而未落之際用此招法，方為得

法。

四十三、劈拳之膝打

膝在劈拳中的運用，乍一看似乎沒有用膝之地，其實不然。當你要使用劈拳發人或打人時，又遇對手力大無比、下盤功夫很深，恐怕是難上加難，這時你使用膝打之法，先將對方之根拔掉，然後再進攻，方為得法。用下必先顧上，我方先用挀手將敵上體搖動，隨之再使用膝打，點擊其腿部要穴，即可收到使敵負痛難忍而失去抵禦能力的預期效果。

此法雖不至於傷人性命，然卻過於傷人，若使用得機、得力、得法，則可令敵在兩三天內腿都酸麻或疼痛不已，故朋友之間絕不可輕用。

膝之打法，遠不只此一法，諸如點襠、擊胸，甚至於擊面等等，以上所介紹的不過僅僅是劈拳中的一種用法而已。正如《拳經》中所云：「膝打幾處人不明，好似猛虎出木籠，任我輾轉不停勢，左右明拔任意行。」膝之用法大矣哉！

四十四、劈拳腿部之擒拿法

劈拳腿部之擒拿，是採用左足與左膝、右足與右膝來完成的，其法分為裡擒拿、外擒拿、正擒拿和反擒拿。

裡擒拿，是我之左足置於對方右足外側之後，或我右足踩至對方左足外側之後，均落成內橫足，並以我小腿內側及前側之脛骨，緊貼於對方小腿前外側之腓骨；同時，

翹起足尖，然後再向前、向下、向內跪膝，是為腿部之裡擒拿法。

外擒拿，是我之左足踩至對方左足外側之後，落成外橫足，或以我右足踩至對方右足外側之後，也落成外橫足，並用我小腿前外側之腓骨，緊貼於對方小腿外側之腓骨；同時，翹起足尖，然後再向前、向下、向外跪膝，是為腿部之外擒拿法。

正擒拿，是我之左足踩至對方左足內側之後，或我之右足踩至對方右足內側之後，均落成內橫足，並以我小腿內前側之脛骨，緊貼對方小腿內側之脛骨；同時，翹起足尖，然後再向前、向下跪膝，是為腿部正擒拿法。

反擒拿，是我之左足踩至對方右足內側之後，落成外橫足，或以我右足踩至對方左足內側之後，也落成外橫足，並用我小腿前外側之腓骨，緊貼于對方小腿內前側之脛骨；同時，翹起足尖，然後再向前、向下、向外跪膝，是為腿部之反擒拿法。

四十五、劈拳腿部之別法

腿部之別法，是用足、膝相合之力對其施行別掛，使對方之根受到抑制，或產生動搖的一種方法。其別法分為裡別與外別。

裡別，是將我之左足踩至對方右足之外側，或將我右足踩至對方左足之外側，並以我膝臏骨之內側，置於對方膝臏骨之外側，然後向裡別。

外別，是將我之左足置於對方右足之內側，或將我之

右足置於對方左足之內側，並以我膝蓋髕骨之外側，置於對方髕骨之內側，然後向外別。

四十六、劈拳之撥膝

撥膝，也稱擺膝。它的用法有左撥與右撥，正如《拳經》中所云：「左右明撥任意行。」撥的作用主要是破解對方進膝、進足，且有開拓我方進攻的功能，因此撥膝雖不足以損傷對方，然而確可使對方的根基受到暫時性的動搖，而為我之進攻創造良好的條件。

運用撥膝時，如對方以劈拳擊我，其足一定要踩在我方前足的內側或外側之後，而我在其足正落未落之時（切勿使對方之足完全踏實），施以撥膝（若對方之足落在我前足之內側時，則向裡撥；若落在我前足之外側時，則向外撥），是謂之左右撥膝也。

四十七、劈拳之轉膝點穴法

所謂轉膝，並非指膝的自身旋轉（這也是不可能的），而是指隨身之旋轉時，膝也可左可右地打擊對方。正像《拳經》中所說的：「和身輾轉不停勢」，是隨著身體的旋轉而旋轉的。

其用法是提左膝時，身體向右旋轉；提右膝時，身體向左旋轉。左膝提時，須由下而上、由左而右；右膝提時，須由下而上、由右而左。提膝之義，重在點擊其腿部主要穴位。

膝的運用雖然活動範圍有局限，然而其力量卻十分

大，所以對人的傷害也非常大。尤其是冬天，人之梢節皆被凍麻，一旦遇敵使用不當，就會損傷自己的筋骨和韌帶，因而下使膝打、上用肘打就安全多了，而且打擊效果也較明顯。

以上介紹了劈拳中手、肘、膝的一些用法，下面介紹的是足在劈拳中的運用。足在劈拳中的運用不僅十分廣泛，而且也十分重要，拳諺：「手是兩扇門，全憑足勝人。」《拳經》中也云：「足打七分，手打三。」所以足在拳術中的運用是多種多樣的，諸如踩、踢、蹬、踹、踏、切、掃、勾、掛、崩、別、拿、扣、點，等等。下面擇其數種加以說明，以供學者參考。

四十八、劈拳之踩（一）

設對方站以右式三體勢。

我欲以左劈拳進攻。當我右手向上鑽起刁領對方右腕時，右足先墊進半步，落成外橫足，踩在對方前足尖之上，是為劈拳踩法之一。

四十九、劈拳之踩（二）

設對方站立右式三體勢。

我欲以左劈拳進擊，則右足先向前墊進半步，落成外橫足，置於對方右（前）足之前約2分米（六七寸）處；同時，右手上鑽刁領對方右腕，並向下、向左、再向上擰領（走半個圓弧），使對方之肘關節被擰成向上。

繼上動，左足循外弧線前進，以左小腿之前內側對對

方右小腿之外側，向右、向上猛烈掃擊，務將對方之右腿向右上方掃起；同時，我繼進左足，向前、向下直踩對方左腿（即後腿）膝關節之內側，必令其膝關節折損也；同時，我左小臂之尺骨挫擊其右肘，不令其提肘逃脫。

五十、劈拳之踩（三）

對方站立右式三體勢。

我右手上起，以「猴掐繩」之手法掐住對方之右腕（四指在其內，拇指在其外），並向下、向右領捋，令對方前栽。當對方出現前栽之相後，必然欲後拽，我可趁機以右手抓其腕向右前方推領；同時，左足進一大步，直踩至對方左足（後足）之後，將其拋出。此也是大步劈拳之踩的用法。

五十一、劈拳之勾掛

所謂勾掛，勾與掛是兩個概念、兩種用法。「勾」，是用我足面與小腿連接處的前側（俗稱「足腕」的前側），用以勾住對方足踵之外側或內側，然後向左或向右（左足向右，右足向左）勾其足腕，使對方站立不穩而摔倒，或因失去重心而一時難以防守和進攻，我便趁此機會對其施行進攻。「掛」是用我足踵部位對其足之內側或外側施以向後、向外掛的方法。如在對方進攻我時，在其前足正落未落之際，我使用足踵對其施以掛法，使對方摔倒或因失去重心而進攻失敗。

設對方站立成右式三體勢。

我欲施以勾掛時，首先觀其前足是虛是實，若為實，我即右足先墊進半步，落成外橫足，踩在對方前足之前約2分米處；同時，右手上鑽刁領對方右腕，左手托其右肘，合力向下、向右領捋，最好是在領捋時爆發出全身之抖勁，務必使對方的根基因受到急劇搖動而失重前栽為妙。

對方必因失重前栽而向後拉拽，企圖恢復自己平衡的重心。這時我便趁此機會右手放鬆其右腕，左手內旋抓其右肘內側向左下方領捋；同時，起左足循外弧線向前、向右勾住對方右足，對方必因站立不穩而摔倒在地。

設我站立左式三體勢。

對方欲以右劈拳擊我左頸部。當對方之右足踩在我左足之後，在其正落而未落之際，我使用左足踵向左、向後對其施以掛法；同時，右手抓其右腕向右、向下領捋，也足以使對方爬跌在地。

五十二、劈拳之踢足

所謂「踢」，主要是運用我之足尖部位向對方進攻的一種方法。踢足主要以足的大拇趾向前領勁，然後對準對方的目標踢出。踢足可分左踢、右踢和前踢。其中向外踢（即左足向左前方，右足向右前方），由於腿和足的運動範圍比較小，所以，一般只運用於角度很小、距離很短的範圍內。

設對方站立右式三體勢，我站立左式三體勢。

我欲對其實行進攻時，左足先向左前方進半步，落於

對方右足的外側;同時,右手刁其右腕向下、向右領捋;左手也同時托其肘向右推託,以助右手領捋之力;同時,起右足,以足尖直踢對方足腕部脛骨之下端,使對方負痛而失去抵禦能力,而任我為之。

五十三、劈拳之蹬足

所謂蹬足,是運用我之足掌向前、向左或向右進攻對方的方法。蹬足在運用時,主要是以足踵領勁,帶動全足掌之勁力發出。這種足的使用,由於與對方的身體接觸面積大,所以蹬不著對方要害處,是不易傷人的,只能把對方蹬出而已。

設對方站立右式三體勢,我站立左式三體式。我左足向左前方墊進半步,落至對方前足之外側;同時,右手上鑽,刁領其右腕,並向右領拽;同時,左手托其右肘,也向右推託。

對方為調整其重心平衡,必向自身的右後方旋轉及拉拽。我借勁放鬆其右手,用左手托其右肘內側,向左、向上推領,使對方正身向我;同時,起右足,足尖向上,足踵領勁,直蹬其陰部,令對方負痛而後仰。

緊接上動,右足順其襠部下落並向後踩;同時,兩手以正圓雙劈(右手在上,左手在下)將對方劈出。

五十四、劈拳之踹足

所謂踹足,是指在雙方搏鬥中,在得機、得勢的時候,運用足部之外側(即靠小趾一側),對目標進行打擊

的一種方法。它主要運用的是足陽明、足太陽經筋，氣血貫注於此經脈，其勁力也就自然集中於足外沿，因此對打擊對方的力量也就大，所收到的效果也明顯。

設乙以順步右劈拳進擊甲方。

甲方站立左式三體勢。當對方用右劈拳進攻來時，甲方左足也同時向後退一步，停於右足之後側，落成外橫足；右手由下向上、向右刁抓其右腕，並向右下方領拽；同時，起右足向前、向上踹打對方右腿之膝關節。

五十五、劈拳之切足

所謂切足，同樣是運用足的外沿打擊對方，它與踹足有相似之處，都是運用足外沿，但在實際運用時，還是有分別的。「踹」是運用足外沿直接打擊對方的某一目標，而「切」則是運用足外沿對其目標施以挫切，兩者截然不同。就好像我們平時用刀切肉和剁肉一樣，兩者的使用方法是截然不同的，所以學者應該分清。

設甲方站以左式三體勢，乙方以順步右鑽拳擊甲面部。

甲方左足收而復出，落於右足之前側，成外橫足；同時，右手起鑽，刁領對方右腕，並向右、向下領捋，使對方前足重而難以退逃。

上動不停，甲方急提右足，足尖上翹、內勾，以右足外側之鞋底切擊對方右足腕處，或切擊其脛骨（俗稱「立人幹」），使對方負痛而轉動不靈。

五十六、劈拳之掃足

所謂「掃」，是在雙方對壘中，使用足大拇指之內側，對其足腕處進行打擊的一種方法。所以，在使用掃足時，應以足大拇指根節領勁，使勁力集中在一個點上，這樣打擊的面小，而且力點集中，勁力較大。

設乙方站以右式三體勢，甲方站以左式三體勢。甲方左足先進半步，落成外橫足；同時，右手上鑽刁抓乙右腕。

上動不停，右手抓擰乙右腕繼續向右下方領捋，使對方暫時失中而出現前栽；同時，右足繞外弧線向左橫掃，擊其右足內踝骨上側之脛骨盡端。

五十七、劈拳之點足

所謂「點足」，主要是指在運用足點擊對方時，要把勁力集中於足大拇趾上，用足尖點擊對方之某一目標。因為足尖在接觸對方身體時的面積很小，所以，打擊的力度也就比較大，是易於傷人的一種打法，筆者考慮到從安全出發，故只介紹打擊不至於傷人性命的打法和打擊部位。

設乙方站立右式三體勢，甲方站立左式三體勢。

甲方左足先墊進半步，落成外橫足；同時，起右手刁抓乙方右腕，左手托其右肘。

上動不停，兩手繼續向右、向下擰捋其右臂；同時，右足以足尖領勁，向前點擊對方足腕前側或脛骨之盡端。

五十八、劈拳之崩足

所謂「崩足」，同樣使用的是足尖部位，它與點足相似，只是崩足所擊打的部位較點足高。崩足低則可打擊對方之腿部，高則可打擊對方之心胸部。所以，崩足在使用時不僅有傷其筋骨的作用，而且有點其要穴的作用。使用崩足時一定要有彈勁，腿如彈簧，崩出後要有彈性。

設乙方站以右式三體勢，甲方站以左式三體勢。

甲方左足先墊進半步，落成外橫足；同時，兩手向上鑽起，右手刁抓其右腕，左手抓托其右肘外側。

上動不停，兩手繼續向右、向下領捋其右臂；同時，起右足，循外弧線由右向前、向左崩擊乙方陰部、腹部或胸部。

【要　領】

①使用崩足時，足尖須向內勾，足尖領勁向前崩出；

②崩足在形意拳中分為上、中、下三路崩擊，上崩其胸心，中崩其腰腹，下崩其陰部。

五十九、劈拳之蹼足

蹼足之用，與前「劈拳之掃足」的用法基本相同，不同之處在於掃足之勁是運用大趾根節掃打，而蹼足之勁則在於然骨（即掌內側）。學者可參考前「掃足」之用法。

用時均可對準對方前足內踝上側之脛骨與外踝上側之腓骨施以蹼打，對方必因受傷而負痛難忍，暫時失去抵禦能力，然後我再借機以攻之。若欲使對方摔跌時，也可以

蹼其足踵和足之內側。

六十、劈拳之點拿

在劈拳中施以足的點、拿，是將點法與拿法相合運用的一種技擊法，它採用的步法為龍行雙曲步，是以我右足點擊對方右足、拿擊對方之左足；或以我左足點擊對方左足、拿擊對方右足的連續打法。

設乙方站立左式三體勢，甲方也站立左式三體勢。

甲方左足先墊進半步，落成外橫足；同時，兩手向上鑽起，右手刁抓乙方右腕，左手托其右肘外側。

上動不停，兩手向右、向下領捋其右臂；同時，以右足點擊對方前（右）足腕之脛骨盡端，迫使對方負痛而強行後撤。

上動不停，借對方強行後退之勁力，右足繼續向右前方落步，踩至對方左足後側，落成外橫足，足尖上翹；同時，以我脛骨之前側，頂壓對方小腿脛骨之內側；兩手隨右足進步時，合力向前推出，將對方拋跌。

結　語

對於劈拳用法一節，以上雖耗其千言，費其百圖，頻頻闡述了六十餘種用法，但仍然未能盡其妙用；就其劈拳發法而言，除下發、中發以外，尚有上發未作詳介。

另外，諸如劈拳在破法中的手打、肘打、頭打、肩打、膝打、胯打、足打等法，均未逐一詳介，故深感劈拳之用法很難用文字盡其完美。況於雙方搏鬥，各人都在千

變萬化之中，法隨勢變，身隨形轉，其妙莫測，豈能以定法還治其人之身。所以，上述雖介紹了劈拳用法幾十種，也不過僅能起到拋磚引玉與啟蒙之作用。

過去多有「只能意會，不能言傳」之說，有些並非一定不能言傳，而是因其難以用文字或語言表達清楚，諸如氣的運行、勁力的轉換、手法的互易、步法的變遷等等，是難以用語言和文字表達完善的，因此說只能意會，還須學者於練習之中掌握其道，領悟其妙，根據不同之變化、勁力之轉移，因勢而生變，隨時而運行，總要梢節起、中節催、根節追；下欲動而上為之領，上欲動而下為之隨，中欲動而上下和，上下和而中節攻，務使手足相合、內外相合、意氣相合、勁力相合，以及上下、左右、前後均須相合，才能陰陽變換靈敏，重心調整適中，中心中正不偏，進退自如而立於不敗之地。若兩足雙重，兩臂僵滯，以力用事，互不相合，則必使重心失調、中心偏離，而受制於人也。

劈拳之用，可以說是渾身是拳，到處是手，可防可進，可攻可守，只要學者練習純熟自如，則可熟能生巧，巧可生精，精能生藝；若能領會其義，悟其奧妙，揚我國光則大有希望耳。

第二節　崩拳用法

一、崩拳拳型的種類

崩拳的用法總的分為：上崩、中崩、下崩、後崩、裡崩和外崩等幾種打法。

上崩主要是攻擊對方的頭部、面部和頸部；中崩主要是攻擊對方的心臟部位和腰肋部位；下崩主要是攻擊對方的腹部；裡崩主要是走其裡側擊其胸部的左側或右側；外崩主要是走其外側攻擊其胸部和肋部的側面；後崩主要是走其外側，攻擊其身後腰部的兩腎部位及命門。

崩拳從拳形上來講，主要運用的是攢拳和自然拳，鬥別拳和棗核拳有時也多為之採用，要根據自己的習慣來決定，不必拘泥成法。

1.自然拳也稱為平拳（即因拳面平整、握拳自然而得名），是我門平常習慣的自然握拳法。它要求拳面平齊，大拇指指肚扣壓在中指的第二關節上，也成 45° 角，勁力集中在整個拳面上；從氣血和經筋的運用上來講，自然拳運用的是手三陰和手三陽經筋。

2.攢拳也叫雞形拳或點拳（點穴、點打之拳），要求是在握拳之後將食指的第二關節突出，大拇指指肚要壓在食指第一關節的上面成 45° 角，勁力主要集中在食指和大拇指上；從經脈和氣血的運用來講，崩拳運用的主要是手太陰肺經和手陽明大腸經，是為氣血的陰陽相合、勁力的

陰陽相合。這種拳由於它重點突出了食指的第二關節，所以在運用時打擊面很小，與對方身體的接觸面積也很小，易於鑽縫透骨，損傷比較大。

3. 棗核拳的握法是將中指的第二關節突出，大拇指扣壓在中指的第一關節上，成 45° 角；從其氣血和經筋的運用來講，它主要運用的是手厥陰心包經和手少陽三焦經。

4. 鬥別拳的握法是將食指和大拇指突出，並將大拇指扣壓在食指第二關節的上平面上，成 45° 角；從其氣血和勁力的運用來講，它與攢拳一樣，都是運用手太陰肺經和手陽明大腸經，其勁力主要集中在食指和大拇指上。此拳同樣突出了食指的第二關節，所以運用時與對方身體接觸面積很小，打擊的力度也就自然較大，也易於透骨穿縫。但是很多人由於不習慣於這種握拳法（武術界把它稱之為「女人拳」），因而使用的也就很少。

以上四種握拳法雖然不同，然其運用均不外點打二法。攢拳及鬥別拳的特點是放長擊遠，易於透骨深入對方身體，所以，在點穴之中是常用的一種拳法；自然拳雖說在打擊對方時接觸面積較大，不易深入骨縫之中，但是由於它的氣血來源於手三陽和手三陰筋經（也稱「六合」之筋經），因而所產生的力量也就十分大，衝擊力也很強，遠勝過其他三拳，特別是用於軟組織處，或胸肋部位，因其發的力量具有很大的振動性，所以其損傷也是很厲害的；棗核拳的用法基本與攢拳、鬥別拳同。

二、崩拳握拳的角度

1. 自然拳

自然拳的握法是先將食指蜷曲回來，然後再依次將中指、無名指和小指蜷曲回來，最後將大拇指扣壓在食指與中指之間的第一和第二關節上面，使拇指的第一關節和第二關節形成 45° 角。

自然拳的角度一般是將拳握緊以後，拳面向前下方傾斜 45°，使拳虎口一側的上平面與小臂基本上成水平，然後再將拳稍微向裡屈一些，讓拳的食指根節和中指的根節成為著力點，以增大對對方的打擊力度。

2. 攢　拳

攢拳的握法，是先將小指蜷曲握緊，然後再依次將無名指、中指和食指攥緊，最後再將大拇指扣在食指與中指之間的第一關節和第二關節上面，並使大拇指的第一關節和第二關節形成 45°。拳握緊以後，要使拳面向前下方傾斜 45°，這種握拳方法主要是突出食指第二關節的力度，以增大對對方的打擊力度和深度。

其握拳的角度同樣是要求大拇指扣在食指和中指的第一關節和第二關節以後，其大拇指的第一關節和第二關節也成 45° 角。

3. 棗核拳

棗核拳的握法是先將食指和無名指蜷曲回來，然後再將中指也蜷曲回來，並夾在食指和中指之間，突出中指的第二關節，然後將小指也蜷曲回來，最後再將大拇指扣壓

在中指和食指的第一關節和第二關節上面，並使大拇指的指面壓在無名指的第二關節上面。其拳面的角度是將棗核拳的拳面也向前下方傾斜 45°，使拳的上平面與小臂的上平面基本上成水平線。

4. 門別拳

門別拳的握法是先將小指、無名指、中指依次握回來，然後再將食指蜷曲回來，使第一關節貼在中指的第二關節上面，以突出食指的第二關節，最後再將大拇指緊壓在食指的第二關節上面，也形成 45° 角，以增大食指第二關節和大拇指尖端的打擊力度。

三、拗步上崩拳

預備勢

乙：進右步，以右崩拳擊甲腹部。

甲：左足退一步，落至右足踵之後，成外橫足。同時，右手循外弧線向上、向前穿至乙右手腕外側時抓其腕部，並向右、向下、再向前推按。緊接右足前進一步，踩在乙右足內側之後，落成內橫足。同時，左手握拳向前、向上崩擊乙面部。

四、順步上崩拳

預備勢

乙：進右步，以右崩拳擊甲心位。

甲：左足收而復出。同時，左手循外弧線向前、向上，至乙右手腕外側時旋為倒掌，即手心向右、虎口向

前、四指向前下方，復向下內旋扣領其腕。

上動不停，緊接右足進步，踩至乙右足內側之後，落成順足。同時，左手抓乙右腕向下、向左、再向前推按；右手握拳向前、向上崩擊乙頭面部。

五、中崩拳

預備勢

乙：進右步，以右崩拳擊甲心位。

甲：左足後退一步，落至右足踵之後，成外橫足。同時，左手循外弧線向前、向上至乙右腕時複內旋扣壓在乙右腕上，並向下、向後領捋。緊接右足前進一步，踩在乙右足內側之後，落成順足。同時，右手變拳崩擊乙心位。

六、下崩拳

預備勢

乙：進右步，以右崩拳擊甲心位。

甲：左足循內弧線收而復出，踩至乙右足外側之後，落成順足。同時，左手循外弧線向前、向上扣在乙右腕上，並向下、向左後方領捋；右手變拳向前、向下崩擊乙腹部。

七、外側崩拳

預備勢

乙：進右步，以右崩拳擊甲心位。

甲：左足循內弧線收而復出，踩至乙右足外側之後，

落成順足。同時，右手循外弧線向上、向左扣在乙右腕上，並向右後下方領持；左手以尺骨挫壓乙右臂之橈骨，並向前、向下崩擊乙右側腰腹部之軟肋。

八、裡側崩拳

預備勢

乙：進右步，以右崩拳擊甲心位。

甲：在乙右足前進之時，我之左足也同時向前邁進，並以腓骨蹭擦乙右小腿內側之脛骨，置於乙右足內側之後，落成順足。同時，左拳以小臂之尺骨挫壓乙小臂上側之橈骨，並向前崩擊乙右側肝部。

九、剪步崩拳

預備勢

乙：進右步，以右崩拳擊甲心位。

甲：左步向回稍收。同時，左手循外弧線向上，至與乙右腕接近時，復內旋扣抓其腕。不停，左足再向前墊進，踩至乙右足內側之後，落成外橫足。同時，左手仍抓其腕，向左、向下領持；右手握拳向前崩擊乙方右肋部。

緊接上動，當乙後退右步，欲退避之時，我右足急向前進一大步，踩至乙左足內側之後，落成順足；左足隨即跟進半步，仍為外橫足。

同時，左拳變掌，由胸前向回勾摟乙右腕，收於臍前復變陰掌；右手變拳，隨右足前進時，以順步右崩拳向前擊乙心胸部。

十、勾手崩拳

預備勢

甲：進右步，以右劈拳擊乙頸部。

乙：左肘上提，破解甲方劈拳。

甲：借乙之勁，右手內旋下落勾摟乙左肘。

緊接上動，右手變雞形拳（即攢拳），向前崩擊乙左胸側，或點擊其要穴。

十一、轉肘崩拳

預備勢

甲：進右步，以右崩拳擊乙心位。

乙：左足微退，足掌著地，成左虛步。同時，左手循外弧線向右托甲右肘，克破崩拳進攻。

甲：順乙之勁，右肘向左劃內弧線，復再向右側帶領；同時，右拳內施，由立拳變為陰拳。

上動不停，右拳復外旋，並向前、向下崩擊乙左腰肋，以攢拳點擊其腰肋部之要穴。

十二、雙崩拳

預備勢

乙：進右步，以右崩拳擊甲心位。

甲：左足微向回收，足掌著地，成左虛步。同時，左手循外弧線向上，至與乙右腕接觸時內旋扣抓其腕；然後左足復進一步，踩至乙右足外側之後，落成順足。同時，

左手仍抓其右腕向左、向下扣領；右手握拳崩擊乙心位。

乙：為躲避甲方右崩拳的進攻，或吞身縮體，或以左手向右橫托甲右肘，或以左手向下扳扣甲右腕。

甲：不論乙採取哪一種防禦措施，只要在乙方克破右拳的同時，借機收右拳、出左拳，打擊對方（右手收落於臍前）；左手鬆其右腕變拳並向前崩擊其右胸部，也可崩擊其右肋部，或崩擊其頭面部。

十三、崩拳後打

乙：進右步，以右崩拳擊甲心位。

甲：左足收而復出，循內弧線踩至乙右足外側之後（須稍向其外側落步，且須儘量進步大一些），落成內橫足；右足隨即提至左足內側。同時，右手循外弧線向下，至與乙右腕接觸時內旋，扣按其右腕，並向右、向下領撥；左手也同時助以右手，向右橫托其右肘或上臂，使乙上體向左旋轉。上體隨兩足進步後，向右旋轉（面向乙身體的右後側），左手仍向前推勁，不令其右肘回撤，右手收至臍前握成陰拳。

上動不停，右足前進一步，踩至乙左足之上（可根據實際情況，如角度、尺寸、方向等臨時活用，不必拘泥成法，總以舒適穩當為妙）。同時，右拳向前崩擊乙後腰右側之腎臟部位；左手收回至臍前成陰拳。

十四、崩拳之頂肘

設甲以順步右崩拳擊乙心位。

乙：以右手向右摟領、推託甲右腕。

甲：在頭門（即手）被乙破解而離開中線後，甲方也就同時丟失了進攻能力，在這種情況下，不可以轉身迴旋而顧己，因為回轉會給對方製造可乘之機，容易出現漏洞，所以應捨其頭門而以二門（即肘）攻之，此即《拳經》云：「早知回轉這條路，近在眼前一寸中」之義，即右步寸進，橫屈右肘前頂，並爆發寸勁，打（點）擊乙胸部及要穴。

註：此招因其過於狠毒，損傷力較大，故於習練之時，一定要點到為止，切不可當真使用。武術一道，雖以「攻」為本，但對同志、對友人是絕不可施以殺手的，要以武德為重，故非敵絕不可輕用。

十五、崩拳之跌肘

甲：以順步右崩拳擊乙面部。

乙：以左手上托甲右腕。

甲：當乙之左手尚未接觸到我右肘時，我勁力由手急轉下降於肘，並猛烈向下、向前跌肘，擊乙胸心部。

註：此招在《拳經》中謂之「硬打硬碰無遮攔」，但是也由於它的力量很大，損傷力也很強，所以習練之時一定要注意安全。

十六、崩拳之膀打

乙：繼上動，用左手向下、向右推按甲右肘，以破解甲方右肘的攻擊。

甲：頭門和二門（即手和肘）均失去進攻能力後，借機將勁力急轉移至肩膀上，以肩膀之勁力靠打乙胸部。

十七、崩拳之掛足

乙：以順步右崩拳擊甲心位。

甲：在乙右足正落未落之際、右拳也將至之時，急以左足後踵向左後方掛乙右足踵。同時，右手抓乙右腕、左手托乙右肘，一齊向右後下方領捋，使乙爬跌。

十八、崩拳之蹬足

乙：進右步，以右崩拳擊甲心位。

甲：左足收而復出，向前進一步，踩至乙右足外側之後（離的最好遠一些），足尖內扣；右足隨即跟進，提至左足內側踝骨處。上體隨之向右轉身，面向乙身右後側，兩手在左足進步的同時刁領乙右臂（右手刁領其腕，左手托其肘）向下、向右領捋。

上動不停，右足上提，向乙右膝彎處外側蹬踩，務使其膝部損傷而跪於地。

結　語

崩拳在《拳經》中云：「其形似箭，其性屬木。」之所以言其性屬木，是因其木在五臟之中與肝相配，而肝的主要功能之一是「肝主筋」，筋起於四肢梢節，故在中國醫學中認為：「肝主筋，其華在爪。」崩拳之用，無論意識、氣血、勁力，均依賴於指掌之握攥，所以崩拳屬其木

而止於崩。木從五行方位來講,在正東方,以天干匹配而言,謂之「東方甲乙木」;以地支匹配而言,謂之「寅卯為木」。木有生發之意,其旺於二三月,它象徵著春暖花開,大地回春,萬物萌生。木旺肝壯,指爪筋健,則崩拳有力。

之所以說崩拳「其形似箭」,主因其崩拳之練習,要有「身如弩弓、拳似藥箭」之勁力與形象,況箭有穿林透物之利,崩有勇往直前之勇,所以崩拳要有如箭之毒疾、似箭之鋒利、像箭之迅猛。

《拳經》云:「三拳三棍非等閒。」三拳指踐拳、裹拳、鑽拳。其中踐拳乃崩拳之一種(**也有的把「踐拳」稱之為崩拳**),意思是說踐拳對於人的殺傷力比較大,因而在實踐中是不可忽視的一種拳擊技法。早在清末民初,形意名家郭雲深先生,精通崩拳,遍及南北七省,未遇敵手。故商老師常常訓導:五行拳中只要精於一拳,則足以立腳矣。正謂之「勝人一手,勝人人還是此一手」也。這大概就是人們常說的「絕招」吧。

言及其用,以上雖列舉了18種崩拳之用法,但仍不足以盡善其用,僅若能為初學者起到啟蒙之作用,筆者心也足矣。諸如崩拳中尚有膝的用法、肩的用法、頭的用法、崩拳的破法以及崩拳在自身處於不同角度、不同尺寸、不同方向的各種用法等等,均未詳列於本書之中。一通百通,只要學者於練習之中,循規蹈矩,認真練習,領悟其意,精熟其技,定能逐漸悟其妙用。

第三節　鑽拳用法

鑽拳的用法除了上鑽、中鑽、下鑽以外，尚有左鑽、右鑽、鑽崩合一、鑽栽合一等用法。鑽拳既可以與崩拳相合運用（因其水生木之故），也可以與栽捶（也稱單馬形）相合運用（鑽拳屬水，馬形屬火，故鑽栽合一，又謂之水火既濟）。

鑽崩合一是：左為鑽時右為崩，右為鑽時左為崩。鑽栽合一是：左為鑽時右為栽，右為鑽時左為栽，一左一右、一上一下，又謂之陰陽相合。

上鑽拳主攻其頭面鼻準，中鑽拳主攻其心胸腋肋，下鑽拳主攻其腰腹軟肋，裡鑽拳主攻其頭部右（左）側，外鑽拳主攻其頭部左（右）側。下面分別逐一介紹。

一、上鑽拳

預備勢

乙：進右步，以右鑽拳擊甲鼻準。

甲：左足收而復出，踩至乙右足外側之後，落成內橫足。同時，左手上扣乙右腕，並向下、向左領捋；右手握拳向前、向上鑽打乙鼻準。

二、中鑽拳

乙：進右步，以右鑽拳擊甲面部。

甲：左足收而復出，踩至乙右足外側之後，落成內橫

足。同時，左手向上、向右推託乙右肘；右手握拳鑽擊乙心胸部。

三、下鑽拳

乙：進右步，以右鑽拳擊甲面部。

甲：左足收而復出，踩至乙右足外側之後，落成順足。同時，左手向右、向下推按乙右肘或小臂；右手握拳向前、向下擊乙腹部。

四、裡鑽拳

乙：進右步，以右鑽拳擊甲面部。

甲：左足在乙右足正落未落之際，踩至乙右足內側之後，落成外橫足；同時，以膝頂跪乙右膝內側，使乙因根基動搖而身體向右傾斜。緊接左手握拳貼乙右臂內側，用小臂上側之橈骨挫擦乙右臂下側之尺骨，將乙右臂擠挫挑格於我左臂外側之左上方，並隨之向前、向上鑽擊乙頭面部。

五、外鑽拳

乙：進右步，以右鑽拳擊甲面部。

甲：左足收而復出，踩至乙右足外側一尺之遠，落成順足。同時，左手向右拍擊乙右肘，隨及右足提至左足內側，上體也隨之向右微做旋轉。不停，右足進一步，踩至乙右足之後，並用膝頂撞乙右膝外側關節處。同時，右拳上鑽擊打乙頭部右側。

六、連鑽拳

所謂說連鑽拳，是左右兩拳連續鑽打的意思，也可稱之為「雙鑽拳」。在實際運用之中，連鑽拳既是一種常用的招法，也是能夠常常取勝於人的招法。其用法是：

乙：進右步，以右崩拳擊甲心位。

甲：左足不動，待乙右足踩進時在其正落未落之際，左足尖向外撇，以膝頂撞乙右膝內側；同時，左手向下、向左扣按乙右腕；右手握拳向前、向上鑽擊乙面部。

乙：以左手向上、向右托甲右腕。

甲：右手順其勢而向左劃圓，並向下攔格乙右肘；同時，左拳向上鑽擊乙面部、胸部、心部或肋部皆可。

七、鑽栽合一（一）

乙：進右步，衝右拳擊甲心位。

甲：左足收而復出，踩至乙右足外側之後，落成順足。同時，左手向下、向左勾摟乙右肘內側；右手握拳向上鑽擊乙面部。

乙：急出左手向右推託甲右拳。

甲：右拳順其勁向左、向下引領乙左手；同時，左手握拳，以栽拳擊乙心、胸部。

八、鑽栽合一（二）

乙：進右步，以右崩拳擊甲心位。

甲：左足收而復出，踩至乙右足外側之後，落成順

足。同時，左手向下、向左按領乙右腕；右手握拳向前、向上鑽擊乙面。

乙：急退右步，以左手向上、向右推託甲右腕。

甲：借勁，右拳繞內弧線向內旋轉，並由陽拳變為陰拳，向回帶領乙左手。

繼上動不停，右拳爆發寸勁，向前栽擊乙面。

九、鑽崩合一

乙：進右步，以右鑽拳擊甲面部。

甲：左足在其右足正落未落之際，急向前寸進，並以左膝向外擺撥乙右膝內側，使乙方之根基受到動搖。同時，左手握拳循外弧線向上、向左裹勁，將乙右臂向右橫格，並繼續向前鑽擊乙面部。

繼上動，左拳變掌，並循內弧線向下勾領乙右臂，收回至臍前，復變為陰拳；同時，右手握拳，以拗步右崩拳擊乙心位。

結　語

鑽拳屬水，在臟為腎。水之特性有無孔不入、無空不鑽之長，因此鑽拳在技擊中既可趁對方之虛而攻之，同時也可以在與對方的相互摩擦之中鑽而擊之。

鑽拳在運用之時，貴在一個「靈」字，突出一個「猛」字，切不可呆滯死板，僵直不活，那樣就失掉了鑽拳屬水的這個特性。所以在與對方周旋時，鑽拳要體現出宛如遊雲、柔韌不滯，一旦得機、得勢，即要快速迅猛地

爆發出寸勁，就好像江堤崩決，洪水突下，勢不可擋，運用短促的寸勁，達到打擊對方的目的。因此，也可將鑽拳之用以「閃電」之速而喻之。

久練鑽拳不僅有強腎壯腰、水足精旺之功，而且有抽坎填離、水火既濟之效，乃強身健體之捷徑，返本還原之大道。腎臟的主要功能是藏精、主骨、生髓、主水液、司二便。腎開竅於耳，其華在髮。人之左右兩腎，中國醫學認為左為腎、右為命，左為陽、右為陰。腎精屬陰，又稱腎陰、元陰和真陰，乃人一身陰氣之根，它對各臟腑起著濡潤滋養的作用；腎臟中的陽氣又稱元陽和真陽，是人一身陽氣之根，它對各臟腑起著溫煦和生化的作用。

而鑽拳之練習，則可使腎臟在運動之中，促進其開合、鬆緊。也就是說，當鑽拳在發勁之前，要有一段逼腎的過程，使腎處於膨脹狀態；當鑽拳勁力爆發之後，兩腎又復原於鬆軟狀態，腎臟就是在這樣一鬆一緊、一開一合的不斷運動中增強了自身的健康與功能的。

之所以說鑽拳又有抽坎填離、返本還原之功，乃是水火既濟之效。水位在正北（謂之「北方壬癸水」），坎位也在正北，所以坎為水，而且有時也多用坎來作為水的代稱。坎在八卦之中的代號為「☵」，由於它上下兩爻為陰，只有中間一爻為陽，所以又稱它為「坎中滿」，是陰中有陽之象。坎與離是相互對立的，這是因為離屬火，其方位在正南，一個天南，一個地北，一上一下，離火坎水，一陽一陰，二者雖有水火不能相融之對立關係，然而又有陰陽相合、天地交泰、水火既濟、相輔相成之關係。

離在八卦之中的代號為「☲」，由於它上下兩爻為陽，只有中間一爻為陰，所以又稱它為「離中虛」，是陽中有陰之象。

古人認為，天地原本為之乾、坤，乾的代號為「☰」，是由三個純陽所組成，所以稱它為「乾三連」；坤的代號為「☷」，是由三個純陰所組成，因此稱它為「坤六斷」。乾為上天，坤為下地；乾為純陽，坤為純陰。後因陰陽交媾而使得「乾」失去了中間之一陽爻，進入了坎卦之中；而坎卦之中的一陰爻也進入了乾卦之中，因而使得乾陽不純，變成了「離」，坤陰不純，變成了「坎」，而今欲達返本還原，恢復乾坤之本來面目，就必須抽去坎中之滿「☵」，填入離「☲」中之虛，使「離」返還成原來的純乾「☰」；同時將離中之虛，返還於「坎」中，使「坎」復原於純坤「☷」。所以抽坎填離、心腎相交，實謂之轉乾坤，扭樞機，返先天乾坤之大道，復本來面貌之真諦，同時也可使心氣不溢、腎氣不泄，常保陰平陽密，而得其健康長壽。

第四節　炮拳用法

炮拳之用法，除有上炮拳、中炮拳、下炮拳以外，還有外炮拳（也稱「側炮拳」）、捋手炮拳、虎炮合一、炮拳栽捶並用等多種用法。上炮拳是以一手上架，以另一手擊其對方頭面部。中炮拳有兩種用法：一種是以一手上架，另一手出擊其對方胸心部；另一種是以一手摟捌領

挒，另一手以栽捶（或立拳）擊其心位。下炮拳是以一手
摟捌按領，另一手以栽捶擊其腹部。外炮拳是側進側攻，
走其旁門，以右手顧其右手，同時出左拳攻之；或以左手
顧其左手，同時以右拳攻之。

挒手炮拳是採取了太極拳中的懶紮衣，而融為炮拳中
的一種用法。「挒」在制，而不在擊。挒手既有制約對
方、動搖其基、拔掉其根、令其暫時失中的作用，又有擒
拿對方、損傷關節、使其爬跌或為下一動進攻做好開拓的
作用。因此，挒手炮拳貴在一「挒」，挒時須將抓、領、
別、按、擒、拿、摔翻之技藝暗含其中。炮、栽並用，是
炮拳和栽捶的合併運用，先炮後栽，左右互易，陰陽交
合，上下交替的用法。

虎炮合一，是取虎為真陰，炮為真陽，陰陽相合，虛
實皆備之意，它包括了挒手、炮拳、擒拿（懷中抱月）、
老虎大擺尾和猛虎撲食等幾個動作和用法。

一、上炮拳

乙：進右步，以右栽捶擊甲面部。

甲：左足收而復出，踩至乙右足外側之後，落成順
足。同時，左手握拳，由胸前向上、向左滾翻裏帶，將乙
右臂架於我頭部左側上方，右手出擊其面或點擊其面部諸
穴。

二、中炮拳（一）

乙：進右步，以右崩拳擊甲心位。

甲：在乙右足正落未落之際，左足向前寸進，並以左膝頂撞乙右膝內側關節，使其根基動搖。同時，左手循內弧線向上鑽起，至與乙右臂相接時，刁抓乙右臂，並向左領捋；右拳隨之向前擊乙心位。

三、中炮拳（二）

乙：進右步，以右崩拳擊甲心位。

甲：左足收而復出，踩至乙右足外側之後，落成順足。同時，左手循外弧線向上、向右，至與乙右臂相接時，復內旋扣按乙臂並向下、向左領捋；右手握拳，也同時以栽捶擊乙心位。

四、下炮拳

預備勢、用法均與前「中炮拳」基本相同，只是右栽捶打擊的位置為對方之腹部。

五、右側炮拳

乙：進左步，以左手裡劈拳擊甲左頸部。

甲：在乙剛剛動步之時，右足向右（稍靠前）側橫跨一步，左足隨之提至右足內側。同時，左手循內弧線向上，至與乙左前臂相接時再復向內旋，刁抓乙左臂並向左、向上推託。同時，左足直踩乙左足外側之後（或踩在其左足足面上）；右手握拳前衝，擊乙左胸肋、腰肋，或點擊其腰部要穴。

六、捋手炮拳

乙：進右步，以右崩拳擊甲心位。

甲：在乙右步剛動之始，右足先向後退半步，仍落成外橫足；左足也隨之向後收回至右足之前，足掌著地，成左虛步。同時，右手循外弧線向上，刁抓乙右腕內側，拇指向上，虎口向前；左手循外弧線向上，刁抓乙右肘外側，大拇指向上，虎口向前，兩手一齊向下、向右領捋擰翻。

繼上動，乙方既被控制，處於前栽失中之境，必掙扎向後，欲調整其重心，甲借乙方後撤之勁，左足進一步踩至乙右足外側之後，落成順足。同時，以左手外旋，將乙右臂向左上方架起；右手握拳向前攻擊乙心部。

七、炮栽合一

乙：進右步，以右鑽拳擊甲面部。

甲：左足收而復出，踩至乙右足外側之後，落成順足。同時，以左手上架乙右臂；右手握拳向前攻擊乙心位。

乙：急出左手，向右橫托甲右肘。

甲：在乙欲動之時，右臂勁力全空，突左手變拳內旋向前，以陰拳栽擊乙頭面部。

八、虎炮合一

1. 捋手用法

乙：進右步，以右衝拳擊甲心位。

甲：於乙動之始，右足先向後退半步，仍落成外橫足；左足隨即也後收至右足之前約 2 分米處，足掌著地，成左虛步。同時，右手刁抓其右腕內側，拇指在上，虎口向前；左手刁抓其右肘外側，拇指在上，虎口向前，兩手合力向逆時針方向旋擰其右臂，並向右後下方領捋。

2. 炮捶用法

繼上動，甲以左手將乙臂架起，同時以右拳攻其心位。

3. 擒拿用法

若乙以右手托甲右腕，甲方則使用「懷中抱月」施以擒拿；若乙以左手托甲右腕，甲即採用「白馬跪蹄」施以擒拿。

乙：左手向右推託甲右腕。

甲：左足收而復出，踩至乙右足內側之後，落成外橫足；並利用左膝前跪之勁，擒拿乙右腿。左手扣於乙左手之上，不令其逃走，然後兩手一齊外旋，並向下、向內翻壓，使乙左腕被擒拿（此法稱之為「白馬跪蹄」）。

若乙用右手推託甲右腕時，必然是其四指在上，拇指在下。這時甲方左手由下將乙手抱住，不令其逃走，然後兩手合力向下、向前滾翻，或隨身體向左下方旋轉，使乙腕被拿而折損（此招謂之「懷中抱月」）。

4. 老虎大擺尾

乙： 在甲將拿未拿之時急速發出抖勁逃脫被拿之手，並重新調整自己的重心、角度和位置。

甲： 不等其調整好位置、角度時急起右足，並循外弧線向前、向左以足尖崩點乙腰腹部。

5. 虎　撲

甲： 當乙已被我用右足擊中後，不待其喘氣和調整，右足急速落地，向前踏進一大步。同時，兩手變掌一齊向前，以虎撲擊打乙心胸部，將乙遠遠拋出。

九、炮拳之擒拿（一）

乙： 進右步，以右崩拳擊甲心位。

甲： 左足收而復出，踩至乙右足外側之後，落成順足。同時，左手托乙右肘，向右前下方推領；右手也同時變拳向前擊乙心位。

乙： 急出左手向右推託甲右肘。

甲： 左手抱其左手，與我右肘緊貼，不令其逃脫；右手由內向外劃弧，置於乙左肘外側，然後兩手一齊向左、向上擰翻，令乙左腕、左肘、左肩折損。

十、炮拳之擒拿（二）

乙： 進右步，以右崩拳擊甲鼻準。

甲： 進左步，以左手將乙右肘托起；同時，以右手炮拳還擊乙心位。

乙： 右手快速循內弧線抓甲右肘，並向下、向右推

託。

甲：左手由上而下，再翻轉手心向上，仰抱於乙右手之上，與己肘部合力緊抱，並同時向下、向左擰翻，將乙右腕折損。

結　語

炮拳在五行之中屬火，火在五行之中，位於正南。火與天干相匹配，是謂「南方丙丁火」，丙為陽火，丁為陰火，是謂火中之陰陽；與八卦相匹配，是謂之離，離屬陽。前面所介紹的炮栽合一的練法，其實栽拳是鑽拳的一種變形拳，所以栽拳屬水，為陰。離火與坎水正好是一南一北、一陰一陽（「坎」屬陰，位於正北方），水火相合，故謂之陰陽相合。

《拳經》云：「天地之陰陽相合能下雨，拳之陰陽相合能成其決（絕）。」在人體來講，心為火，腎為水，水火相合，即謂之「心腎相交」、「水火既濟」。心腎相交，才能將腎水和精液變成氣體而上升於乾頂（大腦），這就是道經中所說的「欲得不老，還精補腦」。《拳經》中也云「醍醐灌頂」。醍醐，即指人體中最富有營養價值的精品，因此，水火既濟就好像大海之中的水，經過太陽光之火的照耀和蒸發，才能使沉重之水變成蒸氣而上升於天，再遇冷空氣後凝結成雨水，下降到地面而起到滋養潤澤萬物成長的作用。

在人體之中之所以要心腎相交、水火既濟，也是這個道理，是「人法天」得來的健身經驗，同時也是形意拳三

步功夫中的第一步功夫——「煉精化氣」。

炮拳之形似炮。在練習炮拳時，要逐步求得開擴勁，猶如炮彈爆炸崩裂一般，即有摧毀萬物而不可抗拒之勢。在運用炮拳之時，尤須迅速猛烈，不攻則已，攻則有如迅雷不及掩耳之勢，要使意、氣、勁、力相抱為一，爆發出劇烈的寸勁、抖勁和絕勁，使對方因突然受到猛烈、巨大的震動和打擊之後，而使五臟、骨骼損傷。尤其是在對方正換氣（吸氣）之時，如若遭此打擊，其損傷程度更是尤大至重。

炮拳在五臟之中屬心，心為五臟之首，故稱「君主之官」，它的生理功能是主血脈，是人體血液流動、運轉的動力，起著「泵」的作用，它既能將新鮮血液輸送到全身各部，又能將靜脈血回收後泵入肺部進行氣體交換，所以，心臟功能的強弱和血液的盛衰，都直接地影響著全身的營養和健康。

心氣旺盛，血液充盈，則面色紅潤而光澤；若心氣不足，血液損耗，則面色蒼白，且無光澤。因此，中醫總結出：「心主血脈，其華在表」，也就是這個道理。

在炮拳的練習中，因其運用的是中焦之氣，更要提起心力，所以透過炮拳的練習，可以促進心臟功能的開合運動，從而增強其「泵」的功能。

第五節 橫拳用法

橫拳在技擊上分有上橫、中橫、下橫的用法，同時還

有拗步裡橫、拗步外橫、滾橫等幾種用法。上橫拳主攻其心、胸；中橫拳主攻其腰肋；下橫拳又稱「鯉魚擺尾」，主攻其臍、腹部。拗步裡橫拳主攻其心、胸和頭、面部，同時又有「張飛鍘草」之法，主斷其肘關節和施用擒拿之法；拗步外橫拳主攻其腋下胸肋部；前橫，又稱正橫，它與太極拳中掤手用法相同，主攻其心、胸部；滾橫主要是為克破對方及進招之前的顧法、解法。

一、上橫拳

乙：進右步，以右劈拳劈甲左頸。

甲：左足收至右足之前，足掌著地。同時，以左橫拳向右滾裹橫截其右肘外側。

繼上動，左足向前進一步，踩至乙右足外側之後，落成順足。同時，左拳向前、向左橫挫乙頸部，使乙向左仰跌。

二、中橫拳（一）

乙：進右步，以右崩拳擊甲心位。

甲：左足向後收半步。同時，右手向上穿，再內旋扣按於乙右腕之上，並向下、向右推按。

繼上動，左足前進一大步，踩至乙右足外側之後，落成順足。同時，左手由乙大臂之下向前、向左穿挫；右手抓其腕也向前、向右送勁，用左前臂橈骨之外側橫挫其胸部，將乙拋跌。

三、中橫拳（二）

乙：進右步，衝右拳擊甲心位。

甲：左足收而復出，踩至乙右足外側。同時，右手刁領乙右腕，向右推領；左手半握拳，由乙右肘後側向前穿，以左前臂之橈骨擊乙右胸肋。

四、下橫拳（一）

乙：進右步，以右崩拳擊甲心位。

甲：左足收而復出，踩至乙右足內側。同時，左手半握拳先向左橫，攔截乙右小臂外側，並向下挫壓，使乙右拳落空而呈前栽之象，待乙回撤右拳、調整重心之時，左拳突然向下、向前（**拳心向上、向前，仍為半握拳**）以掌根托擊乙臍腹部。

五、下橫拳（二）

乙：進右步，以右崩拳擊甲心位。

甲：左足收而復出，踩至乙右足外側之後，落成順足。同時，右拳向上繞至乙右拳之外側，當與乙右前臂相接時，右拳突然外旋，並向右、向下橫擺，再向前、向下以拳（掌）根節托擊乙臍腹部。

六、拗步裡橫拳

乙：進右步，衝右拳擊甲心位。

甲：左足收而復出，踩至乙右足外側之後，落成順

足。同時，以左手刁扣乙右腕之上，並向下、向左領捋；右手半握拳向前、向上、向右以轉抖之勁，用橈骨擊乙右腋下。

七、拗步外橫拳（一）

乙：進右步，衝右拳擊甲心位。

甲：左足先退一步，落至右足踵之後，落成外橫足；右足再向前進一步，踩至乙右足內側之後，落成順足。同時，以右手刁扣乙右腕，並向下、向右領捋；左手半握拳，向前、向上以前臂橈骨擊乙右胸肋。

八、拗步外橫拳（二）

乙：進右步，衝右拳擊甲心位。

甲：左足先退一步，落至右足之後，落成外橫足；隨即右足向前進一步，踩至乙右足外側。右手也同時向前，當接近其右腕時右手速內旋刁抓乙右腕，並向下、向右領捋；左手半握拳，向前、向下以前臂尺骨挫擊乙右肘關節。

九、鯉魚擺尾

乙：進右步，衝右拳擊甲心位。

甲：左足收而復出，踩至乙右足外側之後，落成順足。同時，左前臂向右橫裹乙右上臂，使左手（半握拳）橫置於乙胸心部；然後右手速向前以掌猛托自己的左拳心，以將乙擊出。

結　語

　　橫拳在五行中屬土，在五位之中為之中央。五位，即指：東方甲乙木，南方丙丁火，西方庚辛金，北方壬癸水，中央戊己土。萬物生於土，萬物歸於土，所以，土有滋生養育萬物之功，又有收納萬物之能。土位於東南西北四方之中央。

　　於拳中之運用，之所以將橫拳與土相匹配，是取其無論是身體、四肢、手足，凡一出一入，均離不開有內橫、外橫、上橫和下橫的動作。例如：出拳時前臂首先要向上提起，提即有橫寓於其中；如足向前踢，起足時小腿部也必須有橫進，才能將足提起和踢出；即使在進步、進身時，也脫離不開橫的動作寓於其中，由於土能生萬物之原因，所以橫拳可生諸拳。然而又由於土有收納萬物之功，因此橫拳又有克破諸掌之效。

　　橫拳屬脾，中國醫學認為：人之生命，在先天者為腎，在後天者為脾。脾的功能主要是運化，它有促進消化飲食和吸收、運送營養物質的功能。人的食物與營養，經過腸胃消化和吸收之後，就會透過脾的運輸，把營養物質運送到五臟六腑、四肢百骸和筋肉皮毛及各個器官，從而使其獲得營養和滋潤。

　　從拳術來講，橫拳之勁力，運用的是中焦之氣和上焦之氣。中焦之氣屬心火，上焦之氣屬肺金，所以中焦心氣為火，可生脾土之氣，為補；上焦之氣為金，脾土又可生肺金，為泄。所以，習練橫拳，會使脾氣得到一耗一補、

一出一入、一開一合的運動，從而使脾臟得到增進運化的功能，並促進新陳代謝，以使後天之真氣得到增加，彌補先天真氣的消耗，這就是「後天養先天」的道理。

　　橫拳之性屬彈，主擺。彈者絕也，擺者絕也，絕者抖也。形意拳中有「五絕」之法，即踏、撲、裹、舒、絕。踏者，足踏也，猶如踏毒物而毫不放鬆；撲者，手撲也，猶如狸貓撲鼠、猛虎撲羊之毫不遲緩；裹者，兩臂之合也，其形如包裹之不露；舒者，兩臂也，舒展大方，舒適不拘，舒伸兩臂，放長擊遠；絕者，抖也、寸也、顫也、彈也，所以足踏要絕，手撲要絕，臂裹要絕，舒展要絕，絕還要絕，一絕無所不絕，一寸無所不寸，一顫無所不顫，一彈無所不彈，一擺無所不擺，務要發出全體之抖絕勁力，方為得法，也是形意橫拳在技擊中之妙訣。

第三章

十二形意拳練法與用法

　　十二形拳是由龍、虎、猴、馬、鼉、雞、鷂、燕、蛇、鮐、鷹、熊十二種動物為拳，它既有象形取義、遠取諸物、近取諸身之義，但又非同於其他的象形拳，而是取其動物之義、效其顧守之法、習其進攻之技，所以，形意拳須「人以身形物之形，物之意以人意悟之」，要學會和掌握各種動物為了求得生存而在搏鬥中所使用的技藝。

　　諸如龍的三曲之形、升降和伸縮；虎的撲食和擺尾；猴的捌、抓、蹬、掐；馬的穿奔、跳躍、蹬踢；鼉的翻江倒海之力、浮水往來之靈；雞的抖翅、食米、蹬足、合翅；鷂的入林、鑽天、翻身；燕的抄水、抖翅；蛇的左右纏繞、首尾相顧、撩陰擊襠、擠靠轉折；鮐的合翅、抖膀、蹬足；鷹的爪力、急轉；熊的翻背、鑽裹、豎項、熊膀，以及鷹熊競志、陰陽互易、擒拿之技，等等，皆為拳中所用之法、攻防搏鬥之技。

　　關於十二形拳之練法，因前已有姜容樵、李天驥等諸君之專著，故於本章中凡與以往諸練法相同者，則不再複贅，僅擇其練法不同者選入本書。但對其練法，不論彼此，均插圖附文以明示。但因筆者水準有限，學藝尚淺，

恐難以盡善其妙，還望學者於習練之中悟其理而精其妙
用；難免有謬誤之處，誠望學者於以斧正。

第一節　龍形練法與用法

一、原地龍形

1. 三體勢

2. 龍形下勢

由三體勢，左足向前進一步，落成外橫足，兩足成剪
子步。同時，兩手於胸前交叉成十字手，左手在內，右手
在外，兩手心均向內上方。目視前方（圖 3－1）。

繼上動不停，腿屈膝下蹲，右足踵外旋並提離地面。
同時，兩手經胸前下落，右手落至左足之前，成內橫陰
掌；左手落至左胯側，手心向下，四指向前。目視前方
（圖 3－2）。

【要　領】

①兩手於胸前交叉，謂之「雙龍抱柱」，兩臂須有相
合向內之抱勁，兩肘須有垂勁和合勁；

②龍形下勢時，上體不可過度前栽，頭要端正而平
視，不可俯首下看；

③兩手勁力要平均，左手之勁力應集中於小指外側的
掌根之上。

3. 蟄龍升天

繼上動，重心前移至左足，身體向前、向上穿起；同

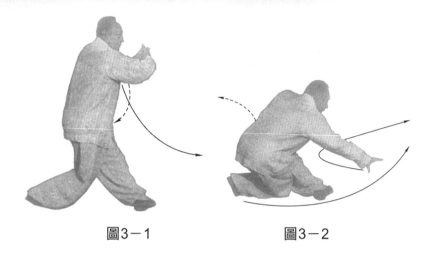

圖3－1　　　　　　　　圖3－2

時，右足提起並向前、向上蹬出，足尖向上，足心向前，高與腹齊（練習時可以儘量高一些）。兩手隨起身時收至腹前，並隨蹬足時向前後兩側穿出，右手在前，左手在後，高與目齊，兩手心均向上。目視前方（圖3－3）。

【要　領】

①體向上起時，右足要有向後的蹬勁和撐勁；

②左足向前蹬出時，要以足踵領勁，勁力要集中於束骨一側；

③兩手穿掌、身體上穿、左足蹬出三者要同時動作。

圖3－3

4. 青龍探爪

繼上動，右足向前落地，成外橫足；左足隨即外旋，兩腿交叉成剪子步。同時，上體向右旋轉180°，兩手隨轉身時，收回至胸前，成雙龍抱柱式，左手在外，右手在內，兩手心均向內下方。目視前方（圖3－4）。

【要　領】

①左足獨立支撐要穩，右足發力要猛；

②雙龍抱柱，兩臂、兩肘須有沉合之勁。

5. 龍形下勢

繼上動，兩腿屈膝下蹲，左足踵外旋並自然提離地面。同時，兩手經胸前下落，左手向前、向下落至右足前上方，掌心向下，四指向右，高與腹齊；右手落至右胯側，四指向前，掌心向下。目視前方（圖3－5）。

【要　領】

與前「龍形下勢」相同。

圖3－4　　　　　　　　圖3－5

6. 回 身

回身之法，任取左右皆可。左轉身時須右足在前，右轉身時須左足在前。下面介紹的是右轉身法。

繼上動，重心前移至右足，身體向前、向上穿起；左足隨即向前、向上蹬，足尖向上，足心向前，高與腹相齊；蹬出後即時再向回扣步，落於右足之前。同時，兩手收至腹前，再外旋，並向前後兩側穿出，左手在前，右手在後，掌心向上，四指各向前後，高與目齊。目視左手（圖3－6）。

（2）繼上動，左足向前落地，成內橫足，上體隨之向右後轉身；同時，兩足踵齊向右旋轉（即右足踵向外，左足踵向內），使兩腿交叉成剪子步；隨即兩腿屈膝下蹲。兩手於胸前交叉成十字手。目視前方（圖3－7）。

【要 領】

①轉身時重心須中正，不可出現左搖右擺之弊；

圖3－6　　　　　　圖3－7

②兩腿交叉時，大腿內側要有夾勁和絞勁；

③上體不可過度前栽；

④臀部須收回，並有坐勁。

【用　法】

乙：站立左式三體勢。

甲：進右步，踩至乙右足外側之後，落成外橫足，並向前下方跪膝，上翹足尖，擒拿乙右腿。同時，右手上鑽，刁抓乙右腕外側，並向右、向前推領，使乙右腿骨折。

二、走步龍形

1. 三體勢

2. 龍形右式

由三體勢，左手先外旋向上托起，再內旋向上領起，置於頭部左側上方，掌心向前，四指向右；右手掌心向前、向下托出，高與大腿根部相齊。同時，左足向前進半步，落成外

圖3－8

橫足，屈膝半蹲；右足以掌為軸，足踵提起並向右旋轉，使兩腿交叉成剪子步，上體隨之向左旋轉 90°。目視右手（圖3－8）。

【要　領】

①轉身時重心要穩；

②轉身換步、左手上領、右手前托要同時動，協調一致。

3. 龍形左式

（1）繼上動，右足向前進一大步，落成順足。同時，右手外旋向上托起，掌心向上，四指向前，高與口齊；左手向後繞弧下落，收至臍前成陽掌（圖3－9）。

（2）繼上動，右足先向前墊進半步，落成外橫足；左足隨即向前進一大步，落成順足。同時，左手向前、向上托起，掌心向上，虎口向前，高與口齊；右手先內旋並向後繞弧下落，再外旋收至臍前成陽掌（圖3－10）。

（3）繼上動，右足向前進一大步，落成外橫足，屈膝半蹲；左足踵提起，並向外旋轉；上體隨之向右轉身，使兩腿交叉成剪子步。同時，右手由左肘下穿出，並內旋

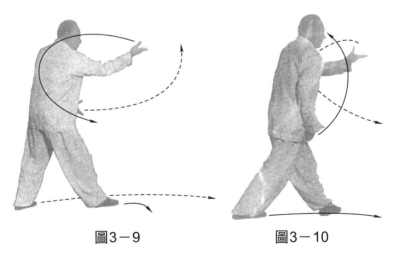

圖3－9　　　　　　　　圖3－10

向上、向右領起，置於頭部右上方，掌心向上，四指向前；左手內轉，收而復出，循內弧線向前、向下托出，掌心向前，四指向下，高與胯根相齊。目視前方（圖3－11）。

【要　領】

①步要連貫，並與兩手動作協調一致；

②體須保持平穩，不可忽高忽低及左歪右斜。

【用　法】

乙：站立三體勢。

甲：進右步，踩在乙右足外側之後，落成右外橫足，並屈膝向前半跪，足尖

圖3－11

上翹，擒拿乙右小腿。同時，右手刁領乙右腕，向右上方領起；左手向乙胯根部托出，並拿乙腿部動脈穴。

三、蹬足龍形（蟄龍升天）

1. 雙龍抱柱

由左式三體勢，上體向左旋轉，使兩腿交叉成剪子步。兩手向上合攏，交叉在胸前，成十字手，右手在外，左手在內。

2. 右龍形下勢

繼上動，兩腿屈膝下蹲。右手向前橫出至左足前，成內橫陰掌；左手也同時收回至左胯側，成陰掌。

3. 蟄龍升天

繼上動，以左足為支撐，右足向前、向上蹬出。

4. 雙龍抱柱

繼上動，右足落地，成外橫足；上體也隨之向右轉180°，使兩腿交叉成剪子步，左足踵自然提起。同時，兩手於胸前交叉成十字手，左手在外，右手在內。

5. 繼上動，於右足落地時，同時左手向前橫出，掌心向下，四指向右前方，成內橫陰掌；右手也隨之收至右胯側，也成陰掌。

6. 繼上動，身體向前穿起，以右足為支撐重心，同時，左足向前、向上蹬出。

7. 回　身

其回身法任取左右皆可。

設已打成龍形左蹬足時，左足落地時即向回扣，落成內橫足；同時，上體向右後旋轉180°，而後右足再向前進一步，落成外橫足，使兩腿交叉成剪子步。兩手于胸前抱成十字手，左手在外，右手在內。

如此一左一右、一起一伏地練習。

第二節　虎形練法與用法

一、捋手虎形

1. 三體勢
2. 左捋手

由三體勢，右足向右前方進一大步，落成順足。同時，兩手向左前方捋出（圖3－12）。

3. 左虎形

繼上動，左足向左前方進一大步，落成順足；右足隨即跟進半步，落成外橫足。同時，兩手先捋回至臍前，然後繼續向上、向前撲出，四指向上，掌心向前，兩手大拇指相接，高與胸齊。目視兩手之間（圖3－13）。

4. 右捋手

繼上動，左足向前進半步，落成順足。同時，兩手向右前方捋出（圖3－14）。

5. 右虎形

繼上動，右足向右前方進一大步；左足隨即跟進半步，落成外橫足。同時，兩手捋回，並向前撲出，四指向上，掌心向前，高與胸齊，兩手大拇指相接。目視兩手之間（圖3－15）。

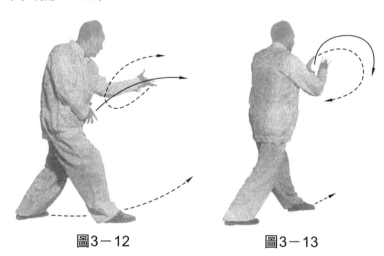

圖3－12　　　　　　圖3－13

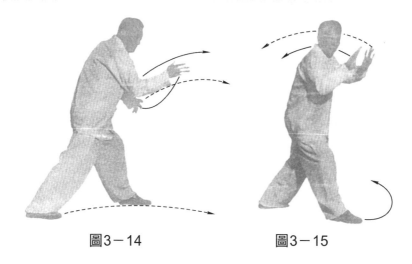

圖3-14 圖3-15

6. 回 身

回身可任取左右回身皆可。下面介紹的是左回身。

繼上動，右足向左前方扣步，上體隨之向左轉身。同時，兩手向左後方抒出，左手在前，右手在後。目視左手（圖3-16）。

【要 領】

①「左抒手」與「右抒手」相同，唯方向及兩手相反而已。如左抒手時，右手須先向前伸；左手循下弧線向上屈回於胸前，使左手貼於右肘之前。右手再繼續向下、向回領抒；左手也同時

圖3-16

循上弧線向前、向下、向回領捋，使兩手於胸前都劃一個立圓、整圓，並收於臍前；

②「左虎形」與「右虎形」，當兩手向上鑽起時，須先向外旋；當兩手至心前時，須復向內旋，並變掌循上弧線向前撲出；

③兩肘要沉而合，兩膀、兩膊要催而按，兩掌須起而塌（起在手指，塌在掌根）。

【用　法】

乙：進右步，衝右掌擊甲心位。

甲：右足向右前方進一大步，落成順足。同時，兩手刁抓乙右臂，右手抓乙右腕，左手抓乙右肘，同向右下方領捋撐翻。

繼上動，左足循內弧線向左前方進一大步，踩至乙兩足之間。同時，兩手將乙右臂向上拋起，再向前撲按乙胸部，將乙拋出。

二、中虎形

1. 三體勢

2. 左步中虎形

（1）由三體勢，左足先微向後收，足掌著地。同時，左手外旋，並向內劃弧，收於心前左側，四指斜向下，掌心向右，虎口向前；右手微向上起，置於心部右側，掌心向左，四指斜向下，虎口向前，兩手相距一掌之遠。目視前方（圖3－17）。

（2）繼上動，左足復向前進一步，落成順足；右足

隨即跟進半步，落成外橫足。同時，兩手一齊向前推出（圖3-18）。

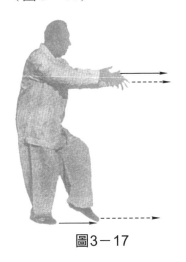

圖3-17　　　　　　　　圖3-18

3. 右步中虎形

（1）繼上動，左足向前墊進半步，落成外橫足；右足向前進一步，停於左足之前約2分米處，足掌著地。同時，右手向前、向左、向回劃弧，停於心部右側，掌心向左，虎口向前；左手也隨之回收至心部左側，掌心向右，虎口向前，兩手相距一拳之遠。目視前方（圖3-19）。

圖3-19

（2）繼上動，右足向前進一大步，左足隨即跟進半步，落成外橫足。同時，兩手合力齊向前推出（圖3－20）。

4. 回　身

回身之法，任取左右轉身皆可。

繼上動，右足向左前方扣步。同時，左手隨轉身時，由身前向左、向前、向右、向回劃一平圓，仍停於胸部左側。目視前方（圖3－21）。

【要　領】

①左手向前、向內劃弧時要有摟之意；

②兩手向前推出時，勁力要集中於四指之上；當將至定點之前的寸間，勁力應由四指轉移到掌根上來，猛烈爆發出寸勁。

【用　法】（一）

乙：進右步，衝右拳擊甲心位。

圖3－20　　　　　　　圖3－21

甲：左足微向後收，以足掌著地。同時，右手由乙右腕之上轉向乙右腕外側（其中有勾摟之意），以虎口向前、向右推領乙右腕，使乙右前臂橫屈於胸前；左手托乙右肘，兩手相合將乙右臂控死。

繼上動，左足前進一步，踩至乙右足外側之後，落成順足。同時，兩手合力向前將乙推出。

【用　法】（二）

乙：進右步，衝右拳擊甲心位。

甲：收左足於右足之前，足掌著地。同時，左手置於乙右腕內側，並向左後方勾摟。

繼上動，左足前進一步，踩至乙右足內側之後，落成順足。同時，兩手向前推出，擊乙心胸部和兩肋。

三、下虎形

1. 三體勢

2. 左下虎形

（1）由三體勢，左足向回微收半步，足掌著地。同時，收左手，並向回勾摟，兩手置於腹前，成陰拳（圖3－22）。

（2）繼上動，左足向前方進一大步，落成順足；右足隨即跟進半步，落於左足之後約2分米處，成外

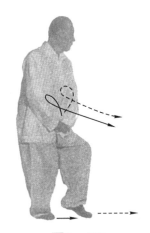

圖3－22

橫足。同時，兩手外旋變
掌，並向前、向下托出，掌
心斜向前上方，四指斜向前
下方，高與胯齊，兩手無名
指、小指相接。目視前方
（圖3－23）。

圖3－23

3. 右下虎形

（1）繼上動，左足向
前進半步，落成順足；右足
隨之跟進一步，落於左足之
內側。同時，兩手向右前方
（由下向上、向前、再向下、向回劃一圓圈）捋回，收於
腹前，並內旋成陰拳。目視前方（圖3－24）。

（2）繼上動，右足循內弧線向右前方進一大步，落
成順足；左足隨即跟進半步，落於右足之後，成外橫足。
同時，兩手外旋變掌，並向前、向下托出，掌心斜向前上
方，四指斜向前下方，高與胯齊，小指與無名指相接。目
視前方（圖3－25）。

【要　領】

①勾摟之手與「中虎形」要領相同；

②兩手托出之勁力主於掌根，兩肘要與兩肋貼緊，並
含下沉之勁；

③兩手托出將至定點時，尾閭要向前收，丹田要沉而
抱氣，以促使勁力的突發。

圖3-24　　　　　　　　　圖3-25

【用　法】

乙：進右步，衝右拳擊甲心位。

甲：左足於彼動之時向左前方進一步，落在乙右足外側。同時，右手由乙右腕轉至其外側，並向右後勾摟。緊接進右步，踩至乙右足外側之後。同時，兩手托乙右胯向前、向下將乙托出。

4. 回　身

下虎形回身法，與上虎形回身法相同。

四、四角轉身虎形

四角虎形的練法、步法、步型、捋手等均與四角炮拳相同，所不同的是炮拳在出擊時為單拳在前，且為一上一下、一衝一架，而四角虎形則是兩手同循上弧線向前撲出。學者若學練此拳，請參閱前「四角炮拳」就不難掌握了。

第三節　猴形練法與用法

1. 三體勢

2. 猴托腮（右）

由三體勢，左手向下勾摟，收於臍前，成陰拳；右手向前、向上托起，手心向前上方，四指向後上方，高與頦齊。同時，右膝上提，高與腹齊，足尖微向上翹。目視前方（圖3－26）。

3. 猴托腮（左）

（1）繼上動，右足向前落下，成外橫足；左足提踵外旋，上體隨即向右轉身約90°，使兩腿成剪子步。同時，右手向下扳扣，置於胸前，掌心向前下方，四指向前上方。目視前方（圖3－27）。

（2）繼上動，左足向前提起，膝高與腹齊。左手向前、向上托起，掌心斜向上，四指斜向後上方，高與脛

　　　　　圖3－26

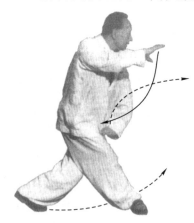
　　　　　圖3－27

齊；同時，右手收於臍前，成陽掌。目視前方（圖3－28）。

【要　領】

①前手下落時要有扳、扣、摟、捌之意，後手上托，勁力應主於掌根；

②兩手的一上一下、一出一入，須與提膝同時動作。

【用　法】

甲：左足向前墊進半步，踩至乙右足外側之後，落成順足。同時，左手刁扣乙右腕向下、向左領捋，使乙身體向右傾斜，處於失中狀態。

乙：為使自己不失中，千方百計要調整自己的中心與重心，必然要向後撤。

甲：繼上動不停，右手向上托擊乙下頦。同時，提右膝擊乙陰部。

4. 猴抓臉

此種猴形練法，無須轉身，當左右猴托腮練至欲止之時，則不前進，而取後退之法，退回原地。

如練至左托腮時，左足向後落步，右足隨著也向後退半步，落於左足之前約2分米處，足掌著地，兩足成小式三體步。同時，右手由下向上、向前、向下抓，收

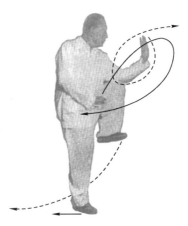

圖3－28

回至臍前成陰掌；左手循上弧
線向前抓出，高與胸齊，兩手
均成爪形（圖3－29）。

　　如此左右退步，兩手交替
向前抓，直退至原起勢地點為
止。

圖3－29

【要　領】

　　①退步抓臉時，手要起高
落低，高與二目平齊為度；

　　②退步時足踵要有後掛之
意，故不宜提足過高；

　　③猴抓臉，勁力要集中於四指之上。

【用　法】

　　乙：進右步，以右崩拳擊甲心位。

　　甲：左足退步收腹。同時，左手向下、向左摟領乙右
腕；右手隨即向前、向上抓乙臉面。

【說　明】

　　在猴形中尚有猴蹬枝、猴捌繩、猴掛印等技法，均寓
於以上練習之中。

5. 猴蹬枝

　　如欲練猴蹬枝時，當托腮、提膝之後，即可將足再向
前蹬出。

　　乙：進右步，以右崩拳擊甲心位。

　　甲：以左手抓乙右腕，並向下、向左搬扣。同時，起
右足蹬踢乙陰部。

6. 猴捌繩

如欲練習猴捌繩時，即於退回之時（退左步用右手倒，退右步用左手倒），兩手交替向前倒出。

乙：進右步，衝右拳擊甲心位。

甲：以右手抓乙右腕內側，先向右、向下領捋；左手也同時倒抓其右腕（即虎口向內，小指一側向乙）向上、向左擰翻；右手鬆其右腕而復托乙右肘內側下方，向上托起，將乙右臂擒拿，名曰「攀枝摘果」之法。

7. 猴掛印

如欲練習猴掛印時，於退步之時兩手以陰掌向前戳出，高與眼平。

乙：進右步，以右衝拳擊甲心位。

甲：左足收而復出，踩至乙右足外側之後，落成順足。同時，右手刁抓乙右腕內側，向右、向下領捋，令乙上體向右傾斜；緊接左手向前、向上以四指戳乙二目。

第四節　馬形練法與用法

馬形練法，大體上說與諸君所著之書的練法相同，只是馬形中分有雙馬形與單馬形的不同練法而已。

單馬形也稱之為栽捶，這在前面介紹的鑽拳的「鑽栽合一」中已有所述，故而只介紹單馬形的練法，而雙馬形則為了節省篇幅就不再複贅。

一、單馬形（一）

1. 由三體勢，左足微向回收，足掌著地，成左虛步。左手下落；同時，右手循外弧線向前方按出（圖3－30）。

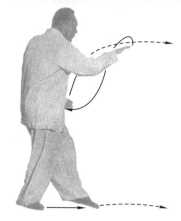

2. 左足復向前進一步，落成順足；右足也隨之跟進，落於左足之後，成外橫足。右手繼續向下按，收於

圖3－30

臍前；同時，左手復向上、向前栽出（圖3－31）。

3. 然後左足寸進，右足大進一步。左手以腕為軸，翻手向內旋，再向下按領，收至臍前；同時，右手向上、向前栽出（圖3－32）。

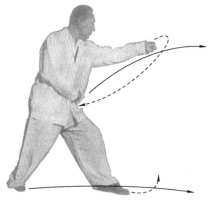

圖3－31

圖3－32

如此一左一右反覆練習。

回身之法也與前鑽拳基本相同，請學者參考，這裡不再複贅。

【要　領】

①右手下托時，虎口向內，小指一側向前；

②左、右拳栽出時均須爆發出全身之抖勁、絕勁。

【用　法】

甲：進右步，以右崩拳擊乙腹部。

乙：右足微收，吞腹縮身。同時，以右手下按甲右腕之上，向下、向右領捋。

甲：右手順其勁向左、向下、再向右劃圓領勁；同時，左手由向下猛托乙右腕，然後上翻右拳，以單馬形（栽捶）擊乙面部。

乙：急以左手向右推託甲右腕。

甲：右手以腕為軸，向下、向左帶領；同時，左拳向上、向前栽出，擊乙面部。

在此練法中，步子能不動時儘量不動，若非動不可時，也只是寸進或寸退，這就是《拳經》所云：「早知回轉這條路，近在眼前一寸中。」

二、單馬形（二）

1. 由三體勢，左手循內弧線下落，右拳向前、向上栽出（圖3-33）。

2. 右手循內弧線下落。左足由順足向前進半步，變成外橫足。左拳向前、向上栽出。同時，右足向前進一步

（圖3－34）。

如此一左一右練習即可。

【要　領】

①拗步單馬形，其勁力發出時應主於腰部，實主宰於龜尾；

②右拳向前栽出時，左手要有向下、向左領捋之意；左拳向前栽出時，右手要有向下、向右領捋之意。

用法與上節相同。

回身法與鑽拳相同，請參閱。

圖3－33　　　　　　　　圖3－34

第五節　鼉形練法與用法

一、拗步鼉形

1. 三體勢
2. 右鼉形

由三體勢，左足向左前方進一步，落成順足；右足隨之跟進半步，落成外橫足。同時，左手循內弧線向回摟領，收于臍前成陰掌；右手向前穿出，四指向左前方，掌心向下，高與頸齊。目視右手（圖3－35）。

3. 左鼉形

繼上動，右足循內弧線向右前方進一大步，落成順足；左足隨即跟進半步，落成外橫足。同時，右手循內弧線向回摟領，收於臍前成陰掌；左手向前穿出，四指向右前方，掌心向下，高與頸齊（圖3－36）。

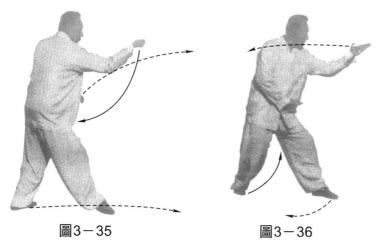

圖3－35　　　　　　圖3－36

【要　領】

①循內弧線左手向右、向下收回時，右手由右向左、向前穿出；

②左手收回時須有扣按領捋之意；

③前穿掌勁力須集中在小指一側掌外沿上；

④左手與右足、右手與左足，須同時動作，不可有先有後；

⑤足尖、手尖、鼻尖須在一條縱向直線上，不可左右偏歪。

【用　法】（一）

乙：進右步，衝右拳擊甲心位。

甲：收左足於右足之前，足掌著地。同時，用左手刁領乙右腕，倒按在乙右腕之上，四指在上，拇指在下。

繼上動，左足復向前進一步，踩至乙右足外側之後，落成順足；右足隨即跟進半步，仍落成外橫足。同時，左手刁乙右腕向下、向左領捋；右手以掌外沿挫擊乙頸部。

【用　法】（二）

乙：進右步，衝右拳擊甲心位。

甲：左足收至右足之後，落成外橫足。同時，右手刁抓乙右腕（四指在上）。右足向前進一步，踩至乙右足內側之後，落成順足。同時，右手抓乙右腕向右、向下領捋；左手手心向下，以掌外沿挫擊乙喉、頸部。

【說　明】

①此節鼉形用法，係鼉之浮水技擊法；

②用法（一）為裡鼉形；用法（二）為外鼉形。運用

之時，裡鼉形須防乙左手；外鼉形須防乙右肘，故於運用之時，務須控制對方，方保無患。

4. 回 身

繼上動，右足循外弧線向左前方扣回，落於左足之前，成內橫足；左足隨之扭正，並向前進半步，兩足成三體步，上體也隨之向左後轉身。同時，左手向下、向上，復收至臍前；右手向前穿出，高與頸齊。目視右手。

二、順步鼉形

1. 三體勢

2. 右鼉形

由三體勢，右足向前進一大步，落成順足；左足隨即跟進半步，落成外橫足。同時，右手變八字掌，循左側內弧線向前、向上、向右橫擺；左手也成八字掌，循右側內弧線向回摟領；右手

圖3－37

心向前下方，高與頸齊；左手心向上，高與心齊，置於右肘內側之下。目視右手（圖3－37）。

3. 左鼉形

繼上動，左足循內弧線向左前方進一大步，落成順足；右足跟進半步，落成外橫足。同時，左手內旋變陰手，由右手之上再循右側內弧線向前、向左橫擺，高與頸齊；右手也同時外旋變陽手，循左側內弧線，由左臂之下

向回摟領，置於左肘之下側。目視左手（圖3－38）。

4. 回　身

繼上動，左足循外弧線向回扣步，落於右足之前，成內橫足。同時，兩手收於胸前，成十字手，左手在內，右手在外，兩手心均向內上方。目視前方（圖3－39）。

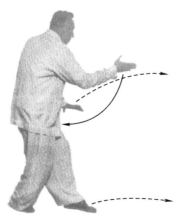

圖3－38

圖3－39

繼上動不停，右足循內弧線收而復出，向右前方進一大步；左足也隨之跟進半步，落成外橫足。同時，右手內旋變八字掌，向前、向右橫擺；左手變八字掌向回摟領，置於右肘內側。目視右手（圖3－40）。如此左右反覆練習。

圖3－40

【要　領】

①鼉形向前橫擺之手，其勁力應主於尺骨；

②回收之手主於摟領，兩手勁力須上下相合、左右相合；

③手與足之動作須協調一致，爆發力要剛猛；

④轉身時要有「鷹轉在急」之勢，快速、靈敏、有力。

【用　法】

此一節鼉形用法為「翻江倒海」。之所以在此節中運用八字掌，其一是在運用時小指、無名指、中指與掌根要有刁抓領拽之妙；其二是在運用之時，以食指為槍。因此要求學者要有一定的指功。

乙：進右步，以右鑽拳擊甲鼻準。

甲：左足收而復出，踩至乙右足外側之後，落成順足。同時，左手向右橫托乙右肘，右手由其右肘上側向右、向前，以食指直捅乙面部及眼目。

第六節　雞形練法與用法

鴙蹄雞形

1. 三體勢

2. 金雞展翅

由三體勢，左足微向回收，足掌著地。同時，兩手向左右兩側分開，手心向外，高與胸齊。目視前方（圖3－41）。

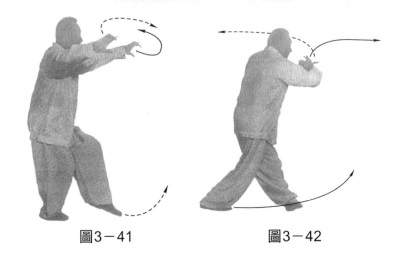

圖3－41　　　　　　圖3－42

3. 金雞合翅

繼上動，左足向前進半步，落成外橫足，屈膝半蹲，使兩腿成咬步。同時，兩手相合，交叉於胸前成十字手，右手在內，左手在外，兩手心均向內上方。目視前方（圖3－42）。

4. 金雞蹬足（右）

繼上動，兩手內旋，並向前後兩側分開，右手在前，掌心向下，四指向前，高與肩齊。同時，右足向前、向上蹬出，足尖向上，高與襠齊。目視前方（圖3－43）。

圖3－43

5. 金雞點頭

繼上動,右足向前落步,成為順足;左足隨之跟進半步,落成外橫足。同時,兩手微向外旋,變成陰掌,齊向前戳出,四指向前,高與目齊。目視兩手之間(圖3－44)。

6. 金雞合翅

繼上動,右足向前墊進半步,落成外橫足,屈膝半蹲。同時,兩手相合,交叉于胸前成十字手,左手在外,右手在內,兩手心均向上方。目視前方(圖3－45)。

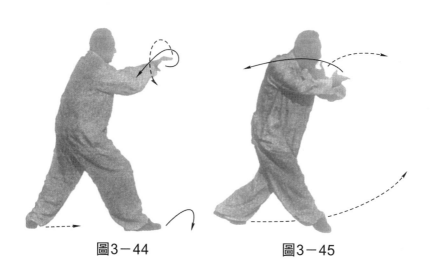

圖3－44　　　　　圖3－45

7. 金雞蹬足(左)

繼上動,兩手內旋,並向左右兩側分開,手心向外,四指向前,高與肩齊。同時,左足向前蹬出,足尖向上微翹,高與襠齊。目視前方(圖3－46)。

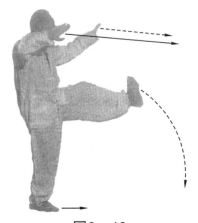

圖3－46

圖3－47

8. 金雞點頭

繼上動，左足向前落步，落成順足；右足隨即進半步，落成外橫足。同時，兩手微向外旋，成為陰掌，一齊向前戳出，高與眼齊。目視兩手之間（圖3－47）。

9. 回　身

繼上動，左足循外弧線向右扣回，兩腿成倒八字步。同時，兩手相合於胸前，交叉成十字手，掌心均向上方。目視前方（圖3－48）。

圖3－48

【要　領】

①「金雞展翅」式要經兩肘向左右兩側領勁，且須有下沉之勁；

②「金雞合翅」式，兩臂須有抱合之勁，有如雙龍抱柱之意；

③「金雞蹬足」式，其勁力應集中於足踵之上；

④「金雞點頭」式，勁力應集中於四指之末端；

⑤手足之動作須協調一致，並有節奏感。

【用　法】

1. 金雞展翅

乙：進右步，以虎形撲擊甲胸。

甲：左足微收，足掌著地。同時，兩手鑽起，由乙兩手之間，刁抓乙兩腕向左右分開。

2. 金雞合翅

甲：繼上動，左足向前墊進，橫踩在乙右足之上，不令其退去。同時，兩手向前合掌，掌心向上，以掌外沿夾擊乙頸部。

3. 金雞蹬足

乙：右足向後退一大步，落成外橫足。同時，兩手上起，向上推託甲右臂。

甲：兩肘向內劃弧，沉肘下落，並向兩側帶領，兩手隨之託乙兩肘內側，向左右兩側推託，將乙兩臂分開。同時，急起右足蹬踹乙陰部。

4. 金雞點頭

乙：吞身收腹，躲避甲之右足。

甲：右足向前落步，踩至乙兩足之中線（謂之「中門」）。同時，兩手以手指戳擊乙二目。

【說　明】

以上雞形用法，既可以作為單練、單用，同時又可以作為對練互用。如上所述是為甲攻乙退（防），當打至終點時，乙變為進攻，甲變為防守，週而復始。唯於習練之時，動作宜慢，尤其對於傷目之手，更宜只求其意到為止，絕不可快速猛烈，以防傷人。

第七節　鷂形練法與用法

1. 三體勢
2. 鷂子入林（右）

（1）由三體勢，左足收而復出，落成外橫足。同時，左手內旋微向回收，按於胸前成內橫陰掌（圖3－49）。

（2）繼上動，右足前進一大步，落成順足。同時，左手內旋並向上、向左拉領，置於頭部左上方，掌心向左前上方；右手循上弧線向前推出，四指斜向上，掌心斜向前下方，高與胸齊。目視右手（圖3－50）。

3. 鷂子入林（左）

（1）繼上動，右足收而復出，落成外橫足，兩足成剪子步。同時，右手稍向後收，按於胸前；左手向後劃弧，收至臍前成陰掌（圖3－51）。

（2）上動不停，左足向前進一大步，落成順足。同

時，右手內旋並向右上方領起，停於頭部右上方，手心向右前上方，拇指向下；左手循上弧線向前推出，四指向前上方，手心向前下方，高與胸齊。目視左手（圖3－52）。

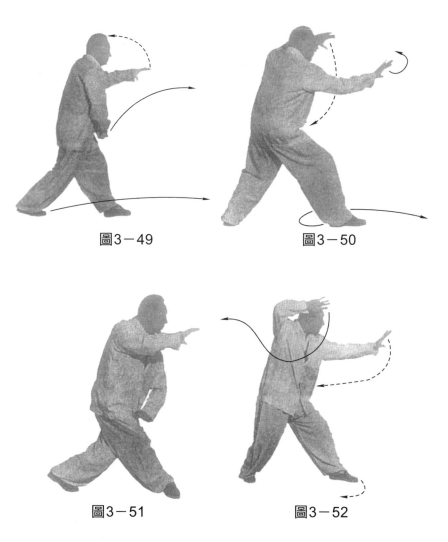

圖3－49　　　　　　　　　圖3－50

圖3－51　　　　　　　　　圖3－52

4. 鷂子回身

繼上動，左足循外弧線扣回至右足之前。同時，左手收至臍前成陰掌；右手按於胸前，也成陰掌。目視前方（圖3-53）。

上動不停，左足向前進一步。同時，右手領起，左手推出，成鷂形左式。然後繼續練，練至原起勢地點時，再行回身收勢。

圖3-53

【要　領】

①鷂形無論是左式還是右式，均須左手與左足同時動作，右手與右足同時動作；

②練習熟悉之後，要使左式或右式中的兩個動作連貫起來；

③兩腿始終要保持微屈狀態；

④回身中的兩個動作，要連貫起來；動作要輕靈敏捷、穩重而不浮。

【用　法】

乙：進右步，衝右拳擊甲胸部。

甲：左足收於右足處，落於乙右足外側之後。同時，以左手抓乙右腕向左上方擰領；右手以四指戳擊乙喉部。

第八節　燕形練法與用法

一、燕子抄水

1. 三體勢

2. 燕子抄水（左）

（1）由三體勢，右足向前進一大步，落成外橫足，兩腿交叉成剪子步。同時，右手由左肘下向前、向上內旋領起，停於頭部右側上方，掌心向外上方；左手掌心向右，四指向下，停於腹前。目視前方（圖3－54）。

（2）上動不停，右腿屈膝下蹲，左足向前鑔出。同時，左手順左腿內側向前穿出，停於左足之上側；右手隨之向後稍落，四指向上，掌心向右後方，稍高於頭部（圖3－55）。

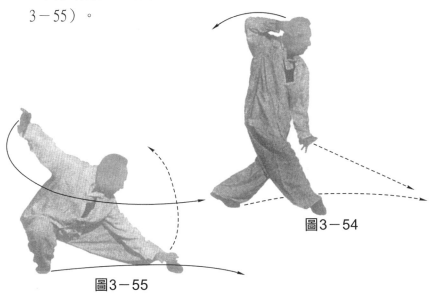

圖3－54

圖3－55

3. 燕子銜泥

繼上動，身體向前穿起，右足隨之向前進一大步，落成順足；左足也隨即向內稍移，變成外橫足，落於右足之後兩足之遠，成三體步。

同時，左手內旋，並向上領起，停於頭部左側上方；右手隨右足進步時循下弧線向前拍擊，四指向下，掌心向前，高與腹齊（圖3－56）。

4. 燕子抄水（右）

（1）繼上動不停，右足向前墊進一大步，落成外橫足；左足仍於原地，足踵微向外旋撐，使兩腿交叉成剪子步，上體隨之向右旋轉90°。同時，左手循上弧線向後劃弧，再向前、向上停於胸前；右手也同時向上、向回收，屈肘停於胸前，兩手交叉成十字手，左手在內，右手在外。目視前方（圖3－57）。

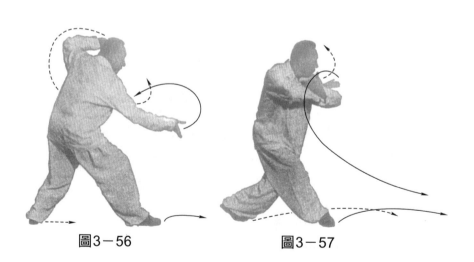

圖3－56　　　　　　圖3－57

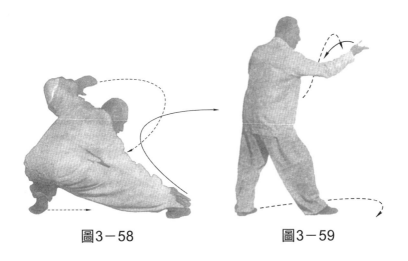

圖3－58   圖3－59

（2）繼上動，左足向前進一步，落成外橫足，並屈膝下蹲；右足向前鏟出。同時，左手內旋向上領起，停於頭部左側上方；右手經心腹並順右腿內側向下、向前穿出（圖3－58）。

5. 燕子回身

（1）繼上動，左手循上弧線向回扣按，成陰掌橫置於胸前；右手由左手之下收回，復再由左手上側向前穿出，掌心向上，四指向前，高與目齊；左手復向下，收至腹前。同時，重心前移，右足進半步，由右蹼步變成右式三體步。目視右手（圖3－59）。

（2）繼上動，左足循外弧線向右前方扣回，落至右足之前，成內橫足。右手微收，左手微出，兩手於胸前交叉成十字手；上體隨之向右後轉身，目視右前方（圖3－60）。

【要　領】

①練習燕子抄水一式，上體要盡可能地由低向高穿起，所以學者若能設置一個四條腿的長凳，經常練習從下面穿過則更妙；

②在全部動作中要體現出輕靈敏捷、不僵不滯。

圖3－60

【用　法】（燕子抄水）

乙：進右步，衝右拳擊甲心位。

甲：左足收而復出，踩至乙右足外側之後，落成順足。同時，右手刁抓乙右腕，並向右上方擰領。上體與頭隨之由乙右臂之下向前鑽過，貼於乙胸前，將乙右肘置於右肩之上，右手抓擰乙右腕向下扳拽，使乙因負痛而兩足踵上提；左手也同時順乙襠部向後插。

繼上動，轉腰旋膀，左臂上挑，右手向右拉拽，將乙頭部向下摔於甲方右側。

【用　法】（燕子銜泥）

乙：進右步，衝右拳擊甲心位。

甲：左足退至右足之後，落成外橫足。同時，左手刁抓乙右腕向下、向左領捋。

繼上動，右足向前進一步，踩至乙右足內側之後，落成順足。同時，左手抓乙右腕向左上方推領（*此動實際上*

是順乙之拽勁而為之）；右手隨右足進步時向前拍擊乙陰部。

二、燕子抖翅

1. 三體勢

2. 燕子抖翅（左）

（1）由三體勢，兩手變拳，右拳向回收，屈肘橫置於胸前；左拳循外弧線向上、向左橫裹，也屈肘橫置於胸前。同時，上體向左旋轉，使兩腿成剪子步。目視前方（圖3－61）。

（2）繼上動，右足向前進一大步。同時，兩拳向前後兩側抖出，右拳在前，左拳在後，拳眼均向上，高與眼平。目視前拳（圖3－62）。

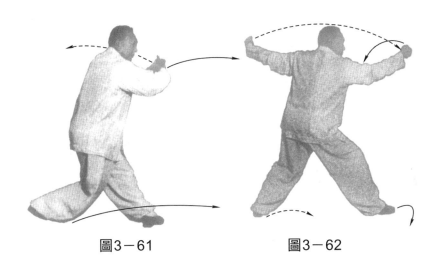

圖3－61　　　　　　圖3－62

3. 燕子抖翅（右）

（1）繼上動，右足變成外橫足；左足於原位向外旋足踵，兩腿成剪子步。同時，兩拳收抱於胸前，交叉成十字（圖3－63）。

（2）繼上動，左足向前進一大步。同時，兩拳向前後兩側抖出，左拳在前，右拳在後，拳眼向上。目視左拳（圖3－64）。

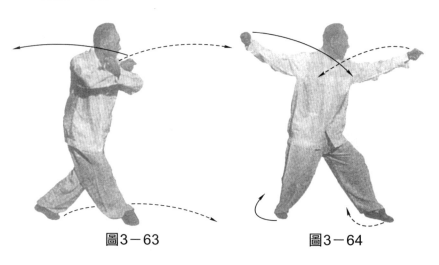

圖3－63　　　　　圖3－64

4. 燕子回身

繼上動，左足回扣至右足之前，成內橫足；上體隨之向右後轉180°，右足隨即提起向前落下，變成外橫足，兩足成剪子步。同時，兩拳收抱於胸前，呈十字交叉，左手在外，右手在內。目視前方（圖3－65）。

【要　領】

①兩拳相抱要有裹合之勁力；

②兩腿成剪子步之後，兩大腿內側須相互夾緊；

③兩拳向前後抖出時，拳宜鬆而不宜緊，腕宜活而不宜僵，當兩拳將至定點之前，兩腕要突然甩出抖勁，兩拳在瞬息之間，在甩抖勁力的帶動下，也由鬆而緊。

圖3－65

【用　法】（一）

乙：進左步，衝右拳擊甲心位。

甲：由右式三體勢，右足變成外橫足，兩腿前後交叉成剪子步。同時，左前臂向右橫裹乙右前臂外側，復再向下摟領；右前臂也向上置於胸前。左足向前進一大步，踩至乙右足外側之後，落成內橫足。同時，右拳向前後抖出，以左拳擊乙眼部或鼻部。

【用　法】（二）

乙：進右步，衝右拳擊甲心位。

甲：由左式三體勢，左足微向回收，落於右足之前約2分米處。同時，出右手刁抓乙右腕，並向下、向右領捋；左手半握拳收至心前。

繼上動，左足復進半步，踩至乙右足外側之後，落成順足；同時，左拳向前抖出，擊乙面部。

【說　明】

以上用法（一）係燕子雙抖翅（又稱「燕子雙展

翅」）之用法；用法（二）乃係「燕子單展翅」之用法。

雙展翅的用法，也只能是按一下，而不能兩拳互換連擊，況左拳既出擊，右拳也向後展，似有大門無人看管之弊，故於運用之時，多不採用。單展翅之用法，既有顧法、守法，又有進攻打法，如左手擊空，右拳隨即又到，兩拳互易，有連擊之優點，又易於應付突變，故於技擊之中為常用之手法。

第九節　蛇形練法與用法

一、之字步蛇形

1. 三體勢

2. 右蛇形

（1）由三體勢，左足變成外橫足；右足踵外旋提離地面，以足掌著地，兩腿成剪子步。上體隨之向左旋轉90°，同時，左手收於右肩之前，四指斜向上，掌心斜向下；右手向左下方下插，置於左胯外側，四指向下，掌心向左。目視右前方（圖3-66）。

（2）繼上動，右足向前進一大步，落成順足；左足隨即跟進半步，落成外橫足。同時，左手下落，按於臍前成陰掌；右手順右足前進方向挑出，四指向前，掌心向左，高與胸齊。目視右手（圖3-67）。

3. 左蛇形

（1）繼上動，右足收而復出，落成外橫足；左足踵

外旋並提離地面，兩腿成剪子步。同時，右手收至左肩前；左手向右下方下插，置於右胯外側，上體隨之向右旋轉。目視前方（圖3－68）。

（2）繼上動，左足向前進一大步，落成順足；右足跟進半步，落成外橫足。同時，右手下落，按於臍前，成陰掌；左手向前上方挑出，四指向前，掌心向右，高與胸齊。目視左手前方（圖3－69）。

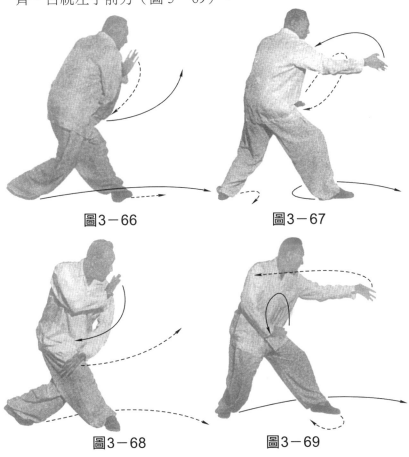

圖3－66　　　　　　圖3－67

圖3－68　　　　　　圖3－69

4. 首尾相顧

（1）繼上動，左足尖回扣，右足以倒插步落至左足後外側，兩足成剪子步。隨之上體向右後旋轉90°，同時，左手收至右肩前；右手下插于左胯外側。目視右前方（圖3-70）。

繼上動，右足向前進一大步，落成順足。同時，左手下落，按於臍前；右手向前、向上挑起。目視右手（圖3-71）。

5. 蛇形回身

（1）繼上動，左足繞外弧線扣回至右足之前，落成內橫足；右足隨之倒插于左足之後，兩足成剪子步。同時，左手收至右肩前，右手下插于左胯外側。上體隨之向右後轉身，目視前方（圖3-72）。

【要　領】

①兩腿變剪子步後，兩腿內側須夾緊；

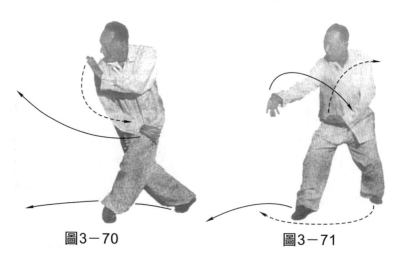

圖3-70　　　　　　　　圖3-71

②蛇形前手挑起時，勁力須由膊、肩、膀逐漸轉移至大臂、小臂到手上；

③「左蛇形」與「首尾相顧」兩動在練習時須連貫在一起，不可於轉身、換步時停頓；

④要體現出蛇的輕靈敏捷、轉折快速的特性。

圖3－72

【用　法】

乙：進右步，衝左拳擊甲心位。

甲：左足微收，變成外橫足，踩至乙右足之前。同時，左手刁乙左腕，並向下、向左領捋。

繼上動，右足進一大步，踩至乙右足內側之後，落成順足；同時，右手向前撩擊乙陰部。

二、轉身蛇形

轉身蛇形是一種首尾相顧的練法和用法，它所走的線路與之字步蛇形完全不同，它走的路線主要是轉身，其目的在於首尾相顧，不使後面受敵，所以若後面來了敵人，同樣也可以顧及。

其練法是：若打至左蛇形時，再上右步，落成內橫足；然後轉身再打左蛇形，或者是不上右步，隨即轉身打出右蛇形也可。

第十節　鮐形練法與用法

1. 三體勢

2. 右步鮐形

（1）由三體勢，左足收而復出，落成外橫足。同時，右手由左肘之下向前、向左、再向右劃弧，停於右肩之前，掌心向右前外方，拇指向下，虎口向前；左手由右手上側收回至左肩前，掌心向左前外方，拇指在下，虎口向前。目視前方（圖3－73）。

（2）繼上動，右足向前進一大步，落成順足。同時，兩手外旋變拳，直向前下方擊出，拳心向上，高與腰肋相齊。目視兩手之間（圖3－74）。

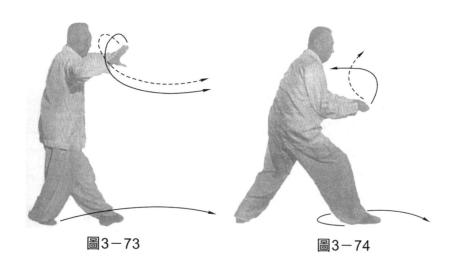

圖3－73　　　　　　　　圖3－74

3. 左步鮐形

（1）繼上動，右足收而復出，落成外橫足。同時，兩拳內旋向上變掌，停於兩肩之前（圖3－75）。

（2）繼上動不停，左足向前進一大步，落成順足。同時，兩掌外旋變拳，直向前下方擊出。目視前方（圖3－76）。

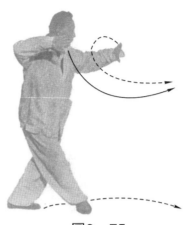

圖3－75

4. 鮐形回身

繼上動，左足向回扣，上體向右後轉身；右足微向回收半步，足掌著地。同時，兩手變掌，置於兩肩之前（圖3－77）。

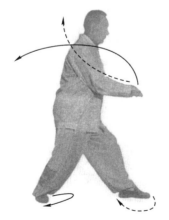

圖3－76

圖3－77

【要　領】

①兩手上起時，勁力應集中於尺骨；

②兩拳前擊時，勿拐彎抹角，而要斜線直下。兩拳須握緊，勁力主於大拇指、食指、中指之上；

③兩拳前擊，須挺腰抖尾，爆發寸勁。

【用　法】（一）

乙：進左步，以虎形擊甲胸部。

甲：左足微收，以足掌著地。同時，兩手由乙兩手之間鑽起，並向左右兩側將乙兩手分開。

繼上動，左足復向前進一步，踩至乙左足內側之後，落成順足。同時，兩手變拳直向乙軟肋擊去。

【用　法】（二）

乙：進右足，以右崩拳擊甲心位。

甲：左足收而復出，踩至乙右足外側之後，落成順足。同時，兩手握拳向前下方擊乙右腰肋。

第十一節　鷹形練法與用法

1. 三體勢

2. 左鷹形

（1）由三體勢，左足向左前方進半步，落成順足；右足隨之跟進一步，置於左足內側。同時，左手收回至胸前，四指向上，掌心向內；右手向上穿起，停於胸前，四指向上，掌心向右，虎口向前，高與口齊，兩手交迭，左手在內，右手在外。目視右前方（圖3－78）。

繼上動，右足向右前方進一大步，落成順足；左足隨即跟進半步，落成外橫足。同時，右手刁落下按，停於臍前成陰掌；左手循上弧線向前、向下刁抓。目視左手（圖3－79）。

圖3－78

3. 右鷹形

（1）繼上動，右足前進半步，落成順足；左足提進，置於右足內側。同時，左手循下弧線向內、向上鑽起，停於面前，四指向上，掌心向左，高於口齊；右手上提至心前，四指向上，掌心向內。目視前方（圖3－80）。

圖3－79

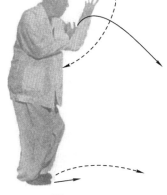

圖3－80

（2）繼上動，左足向前進一大步，落成順足；右足隨之跟進半步，落於左足之後，成外橫足，兩足成三體步。同時，右手向前、向下刁抓，左手收回至臍前成陰掌（圖3－81）。

4. 鷹形回身

鷹形回身，可任取左右轉身皆可，但無論左轉或右轉，都必須是急轉身，要體現出「鷹轉在急」的特性；同時還要體現出鷹在急轉中的抖翅、蹬足、擺尾、穿越的技能。

繼上動，左足扣回，落成內橫足；右足收回至左足內則，上體向右後轉身。同時，右手向上穿起，掌心向右，四指向上，置於右肩前（圖3－82）。

圖3－81　　　　　　圖3－82

【要　領】

①左右鷹形的過渡動作，即上鑽之手，勁力應主於橈骨，為儲氣蓄力之過程；

②當鷹形出勢時，下收之手要有刁抓擰翻之勁；前伸之手要有抓扣按壓之力，左右兩手之勁力須配合默契；

③轉身時要爆發出抖勁，迅速而猛烈，連貫不斷，一氣呵成。

【用　法】（一）

1. 鷹 刁

乙：進右步，衝右拳擊甲心位。

甲：出右手刁領乙右腕，並向下、向右拽領。

2. 鷹 捉

甲：繼上動，右手向內擰翻；同時，左手拿乙右肩穴位，使乙被迫伏身前栽。

【用　法】（二）

1. 鷹 刁

乙：進左步，衝左拳擊甲心位。

甲：右足微收，足掌著地。同時，右手由乙左腕內側穿起，當接觸乙腕時突然內旋，刁抓其腕，並向右、向下擰翻。

2. 鷹 捉

甲：繼上動，右足向前進一步，踩至乙左足外側之後，落成順足。同時，右手抓乙左腕繼續向下擰翻；左手以鷹爪向上抓擊乙二目及面部。

第十二節　熊形練法與用法

1. 三體勢

2. 熊形出洞（左）

由三體勢，左足微收，足掌著地。同時，左手循下弧線收回，至心前時再復向上穿起，掌心向左，高與口齊（圖3－83）。

3. 熊形伸臂（右）

繼上動，右足向前進一步，落成順足。同時，左手內旋變掌，下落收至臍前成陰掌；右手變拳向前、向上鑽出，拳心向上，高與鼻齊。目視右拳（圖3－84）。

4. 熊　膀（右）

繼上動，右足寸進，左足寸跟。同時，右拳屈肘內旋，並向前下方栽出，拳心向右，拳眼向內，高與右膝相齊。目視前方（圖3－85）。

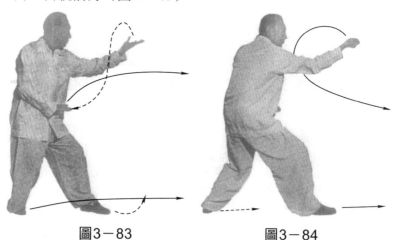

圖3－83　　　　　圖3－84

5. 熊形出洞（右）

繼上動，右足微收，足掌著地。同時，右拳向上鑽起，拳心向內，高與口齊。目視前方（圖3－86）。

6. 熊形伸臂（左）

繼上動，右足微向前進，足尖向外展，落成外橫足；左足隨即跟進半步，落成順足。同時，右拳變掌內旋下落，停於臍前成陰掌；左手變拳，向前、向上鑽出，拳心向上，高與鼻齊。目視左拳（圖3－87）。

圖3－85

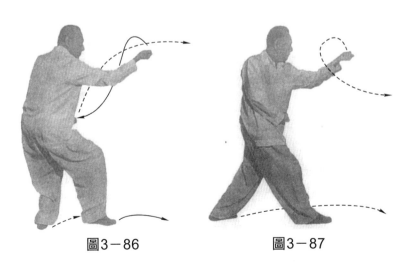

圖3－86　　　　　圖3－87

7. 熊 膀 (左)

繼上動，左足寸進，右足寸跟，仍落在左足之後，成外橫足，兩足成三體步。同時，左拳屈肘內旋，並向前下方栽出，拳心向左，拳眼向內，高與左膝相齊。目視前方（圖3-88）。

8. 熊形回身

繼上動，左足回扣成內橫足。左拳收於臍前，右手外旋變拳，屈肘置於胸前。同時，上體向右後轉身，右足收回扭正，足掌著地。目視前方（圖3-89）。

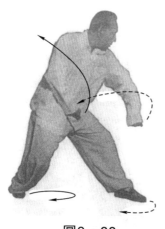 

圖3-88　　　　　　　圖3-89

【要　領】

①熊形出洞，勁力應主於橈骨；

②熊形伸臂時，須手足同起、同落；

③熊形之勁主於膀。

【用　法】

乙：進右步，衝右拳擊甲面部。

甲：收左足、鑽左拳，向左攔格乙右臂。

繼上動，右足進一大步，踩至乙右足內側之後，落成順足。同時，左手內旋變掌刁抓乙右腕，並向左、向下擰翻；右拳上鑽擊乙鼻準。

乙：急起左手向右推託甲右臂。

甲：借勁右臂屈肘內旋，向下抓乙右腕，並向下、向右領捋。同時，進右步以右肩擊乙右肋部；左足也隨之跟進半步。

第四章

單練對練套路

第一節　五行生剋對練

一、預備勢

甲乙二人對面以左式三體勢站立，相距約6.6分米（二尺）遠近（圖4－1）。

圖4－1

二、劈　拳

乙方先墊左足，落成外橫足；繼右足進一大步，落在甲方左足外側之後成內橫足。同時，以左手按壓甲方之左手，右手向上以劈拳擊甲左頸骨（圖4－2）。

三、火剋金（炮拳破劈拳）

甲方在乙方墊左步，復進右步的同時，左足也隨之收而復出，落在乙方右足外側之後。左手向上、向右滾裏撐翻，將乙右臂架起於左上方；同時，復以右炮拳擊乙心位（圖4－3）。

四、水剋火（鑽拳破炮拳）

乙方在甲方以炮拳進擊之時，先行退右足於左足之前，成虛步。同時，以左手向下、向左按撥甲方之右拳。

圖4－2

圖4－3

繼進右足，落於甲方右足之內側。同時，右拳向前、向上
鑽起，以右鑽拳打擊甲方面部（圖4－4）。

五、土剋水（橫拳破鑽拳）

甲方在乙方以右鑽拳進擊的同時，左足退一大步，落
於右足之後，成外橫足；右足也向前進一大步，落在乙方
右足外側之後成順足。在退左步的同時，左手先向右、再
向下、而後向左（這個圈要盡可能走得越小越好）刁抓領
捋乙方之右臂；同時，右手以順步橫拳擊乙右側胸肋部
（圖4－5）。

六、木剋土（崩拳破橫拳）

乙方當甲方以左橫拳攻擊來時，即先微退右足於左足
之前約2分米處，成虛步。同時，縮身屈體，以左手向左
後下方撥領甲方之右臂，使甲方進擊之橫拳落空。上動不

圖4－4　　　　　　　圖4－5

停，隨之右足向前進一步，踩至甲方右足內側之後，落成順足。同時，出左拳以崩拳擊甲心腹部（圖4－6）。

七、金剋木（劈拳破崩拳）

甲方在乙進右步衝左拳的同時，左足退一大步，落在右足之後，成外橫足；復再進右足，落在乙方左足外側之後，成內橫足。同時，以左手向下按領乙方之左手，右手以劈拳進擊乙方之左頸骨（圖4－7）。

以下即乙以炮拳破甲劈拳，甲再以鑽拳破乙炮拳，乙再用橫拳破甲鑽拳，甲再以崩拳破乙橫拳，乙再以劈拳破甲崩拳，如此反覆練習。

結　語

五行生剋這個套路雖然短小，但卻非常精悍，它把

圖4－6　　　　　　　　　圖4－7

金、木、水、火、土五行相生相剋之理運用於形意拳中，實是一個既合情理又很實用的對練和單練的好套路。

在上述套路中不難看出，乙方用劈拳（劈拳屬金）進攻甲方時，甲方是用相剋之理的炮拳剋破了乙方的劈拳，這是因為炮拳屬火，可以剋金的緣故；乙方再用鑽拳剋破甲方的炮拳時，是因水能剋火的緣故，同時也是因為金能生水的緣故，所以以劈拳變鑽的方法剋破甲方的炮拳；甲方因為上一動使用的是炮拳，而炮拳屬火，故能生土，所以由炮拳變為橫拳剋破乙方的鑽拳，這是因為鑽拳屬水，所以使用屬土的橫拳來破解乙方的鑽拳，也是符合五行相生相剋之理的；乙方上一動使用的是鑽拳，而鑽拳又能生崩拳（水生木），所以要由鑽拳變為崩拳來破甲方的橫拳（木剋土）；甲方再使用劈拳破解乙方的崩拳，是因為上一動使用的是橫拳，而橫拳屬土，土能生金，所以要使用劈拳來破解乙方的崩拳。如此五行相生，生生不已，五行相剋，變化無窮。

以上五行生剋，既可以對練，也可以自己單練。單練時也是要遵循金生水（由劈拳變為鑽拳）；水生木（由鑽拳變崩拳）；木生火（由崩拳變為炮拳）；火生土（再由炮拳變為橫拳）；土生金（由橫拳變為劈拳），如此反覆地練習。單練時也可以一直往下練，也可以在練到劈拳時回身再練，視場地大小而定，不必拘泥於一法。

這趟五行生剋對練套路是商長鎖先生在世時所傳，是一個很好的套路，既簡練又實用，可供愛好者參考。

第二節　伏虎拳

一、預備勢

身體直立，兩足並立，兩手自然下垂；兩眼向正前方平視（圖4－8）。

二、起　勢

1. 拗步右橫拳

左足先向左前方進一大步，落成順足；右足隨之跟進一步，落於左足之後，成外橫足，兩足成左式三體步。同時，右手握拳，向左前方橫擊，拳心向上，勁力主於尺骨一側（圖4－9）。

2. 拗步左橫拳

繼上動，右足向右前方進一大步，落成順足；左足隨之跟進一步，落於右足之後，成外橫足，兩足成左式三體步。同時，左手握拳向右前方橫擊，拳心向上，勁力主於尺骨一側（圖4－10）。

3. 獅子大張嘴

繼上動，左足向前進一步，使兩足站在同一條前進線上；左足隨收而復出，仍落成順足，兩足成左式三體步。同時，左拳變掌，向上托起，掌心向上，四指向前，停於胸前，小臂似曲非曲，似直非直；右手平向回收，停於右肩之上方，掌心向下，四指向前，兩手成一前一後、一陰

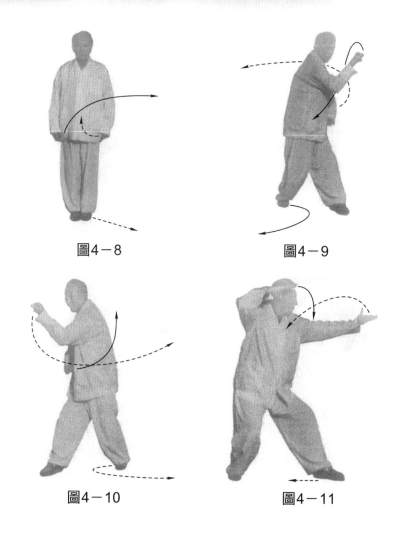

圖4-8　　　　　　　　圖4-9

圖4-10　　　　　　　圖4-11

一陽相對之勢，猶如獅子大張嘴（圖4-11）。

4. 提水勢

（1）繼上動，右足不動，左足向回微收，落至右足之前約2分米處，足掌著地，成左虛步。同時，左手收至

胸前，與右手十字交叉，左
手在外，右手在內，兩手心
均向內上方。目視正前方
（圖4－12）。

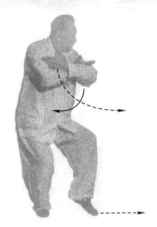

圖4－12

（2）繼上動不停，左
足向前進一步，仍落成順
足，兩足成左式三體步。同
時，左掌變拳，向前、向下
栽出，停至左膝前上方；右
拳也同時變拳，下落於臍
前，成陰拳（圖4－13）。

5. 右鑽拳

繼上動，左足不動，右足向前進半步，仍落於左足之
後，成外橫足。同時，左拳收至臍前，成陰拳；右拳向
前、向上鑽出（圖4－14）。

圖4－13

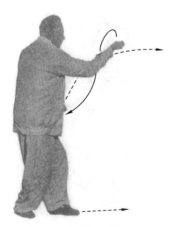

圖4－14

6. 左劈拳

繼上動，右足不動，左足向前進一步，仍落成順足，兩足成左式三體步。同時，右拳變掌下按於臍前；左拳也變掌，並向前劈出（圖4-15）。

7. 霸王舉鼎

繼上動，左足不動，右足向前提起，高與左膝齊，足尖微上翹。同時，左手收至臍前成陰掌；右手向上托起，右臂盡力伸直，掌心向上，四指向左上方。目視正前方（圖4-16）。

8. 喜鵲登梅

繼上動，右足向前落步，落成外橫足；左足提起，與右膝相齊。同時，右手向後、向下、向前，再向上托起（劃一個大的整圓），屈臂停於頭部上方；左手也於面前

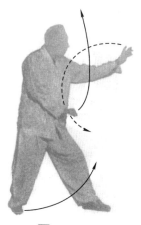

圖4-15

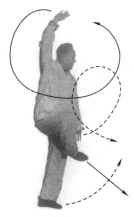

圖4-16

劃一整圓，仍按于臍前成陰掌。目視前方（圖4－17）。

9. 燕子抄水

繼上動，右足不動，右腿屈膝下蹲，左足向前鏟出。同時，左掌也隨左足一齊向前抄出，停於左腿之上；右手隨之向後劃弧，停於身體後側，成半陰半陽掌（圖4－18）。

圖4－17　　　　　　　　　　圖4－18

10. 懶龍臥道

繼上動，左足不動，右足蹬起，進一大步，落於左足之前，落成外橫足，並屈膝下蹲；左足踵也隨之自然提離地面，兩腿成右盤步。同時，右手變拳，向前下方栽出，停於右足之前，拳心向前上方；左手收回，停於右小臂之上。目視前方（圖4－19）。

11. 鷂子入林

繼上動，右足不動，右腿蹬起；隨之左足向前進一大

步，落成順足，兩足成左式三體步。同時，右手向上領起，停於頭部右上側，掌心向右上方，四指斜向左上方；左手向前推出，掌心向前，四指向上。目視前方（圖4－20）。

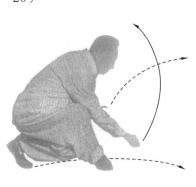

圖4－19

圖4－20

12. 龍形格手

繼上動，兩足以足掌為軸，兩足踵一齊向右輾轉，使兩腿交叉成剪子步，上體也隨之向左旋轉。同時，右手變拳，向前橫格，勁力集中於尺骨一側；左手也隨著下落時按於右小臂的下方，與右小臂合成一個拍打的勁。目視前方（圖4－21）。

圖4－21

13. 推窗望月

繼上動，左足不動，右足向前進一大步，落成順足，兩腿微向下蹲，成右式三體步。同時，右手由拳變掌，繞一小圓弧，然後向前推出，停於胸前，小臂似曲非曲、似直非直，掌心向前，四指向左，成外橫陽掌；左手收

圖4－22

回落於臍前成陽掌。目視前方（圖4－22）。

14. 白蛇吐信

繼上動，右足向前寸進半步，左足隨之也跟進半步，兩足仍成右式三體步。同時，右手收而復出，向前穿出，掌心向上，四指向前，高與眼齊；左手向前劃弧後下按於胸前成陰掌。目視前方（圖4－23）。

15. 三盤落地

繼上動，右足向前寸進半步，落成內橫足；左足也跟進半步，仍落成外橫足，使兩足都成為同向的橫足，兩腿微屈下蹲（與騎馬勢相同）；同時，左右兩手一齊向下按落，停於身體兩側，右手在前側，左手在後側，目視前方（圖4－24）。

16. 回 身

（1）繼上動，身體向左後轉身，左足收而復出，向前進半步，落成外橫足；右足向前進一大步，落成順足，

停於左足之前，成左式三體步，重心落於左足。同時，右手向前上方穿起；左手下落於臍前成陰掌。目視右手（圖4－25）。

（2）繼上動，左足向前進一步。左手與右手相摩後向前劈出，成左式三體勢。目視前方（圖4－26）。

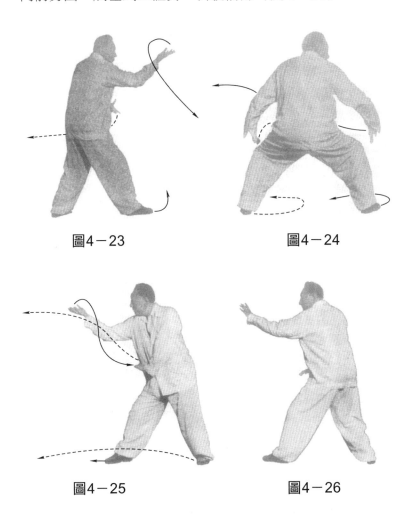

圖4－23　　　　　　　　圖4－24

圖4－25　　　　　　　　圖4－26

然後繼打左劈拳、霸王舉鼎、喜鵲登梅……至起勢地點時即可做收勢。收勢之法與前劈拳相同，故不複贅。

結　語

練習套路，除了是讓學者練習身體和手足的靈活性外，更為重要的是讓學者練習好步型和步法。形意拳經云：「足打七分手打三。」真正能使用七分足，就必須練好它的步型和步法，因為步型是決定一個習武者能不能站穩的重要因素，而靈不靈則在於步法的正確與否。

試想，假如你要是前腿站成順步時，意欲起左足踢人，或用右崩足打人，不用說打不著人，就連自己也站立不穩，若不小心，則可能自己摔倒；而且足站得不順當時，所發出的力量也很難是全體的整勁。

這也就是前輩們常常講的「外不順則內不和」，內不和則氣不順，氣不順則力不整。所以要想學好、用好拳術，還必須先練習好架子。

第五章

形意十四打法

　　十四打法，是指全身有十四個部位可以打人，即：頭、左肩、右肩、左肘、右肘、左手、右手、左胯、右胯、左膝、右膝、左足、右足、臀部。分而言之謂之十四處打法，合而言之是謂七拳。

　　在武術中，無論千變萬化，都是為了「打」而創造條件和機會，同時也離不開全身上下七拳之用。因此，《拳經》云：「頭打落意隨足起」、「肩打一陰返一陽」、「左右全憑蓋勢取」、「肘打去意占胸膛」、「出手如鋼挫，回手似勾竿」、「起手橫拳勢難招」、「起手好似虎撲羊」、「外胯好似魚打挺，裡胯藏步變勢難」、「和身輾轉不停勢，左右明撥任意行」、「好似猛虎出木籠」、「足打踩意不落空」、「足踏中門搶他位，就是神仙也難防」和「足打七分手打三」，等等。

第一節　頭　打

一、前　打

乙：進右步，以右劈拳擊甲頸部。

甲：左足收而復出，踩至乙右足外側之後，落成順足。同時，左手刁抓乙左腕向下、向左領捋，並以頭部前額向前擊乙面部。

二、下 打

乙：進右步，以右衝拳擊甲心位。

甲：左足收而復出，踩至右足外側之後，落成順足。同時，左手刁抓乙右腕向下、向前扣、擰、推、按，將乙右臂擒死，並置於乙身之後，迫使乙仰身後傾；同時，以頭部前額向前、向下方擊乙胸心部。

三、上 打

乙：繼上動，為了避開甲方之進攻，必然含胸吞腹，使甲下擊落空。

甲：復向上起身，用頭向上前頂，擊乙下頦。

四、後 打

乙：將甲從後面攔腰抱住。

甲：在乙兩手合攏之時，身體突向下蹲，兩腿成騎馬勢。兩手向自己身後下插，置於臀部之後（以防頭部擊空時復用兩手向後抓乙陰部）。同時，頭向後仰，擊乙面部。

五、左 打

乙：兩手抓甲左臂，向左後下方領捋。

甲：左足向前寸進，踩至乙左足（後）內側之前。同

時，左臂順乙捋勁向前送，將左肩貼於乙胸部（也可施以肩打），頭向左擺擊乙面部。

六、右　打

乙：進右步，衝右拳擊甲心位。

甲：進右步，踩至乙右足內側之後。同時，以右手向左推託乙右肘內側，並以頭向右擺擊乙面部。

第二節　肩　打

一、前　打

乙：進右步，衝右拳擊甲心位。

甲：右足收而復出，踩至乙右足內側之後。同時，出右手刁抓乙右腕向下、向右再向前領捋推按，並伏身向前以右肩擊打乙右肋部。

二、後　打

乙：進右步，踩至甲右足內側之後。同時，以右手刁抓甲右腕向下、向右後方領捋；左手托甲右肘助以右手之領捋。

甲：順乙捋勁，右足向左前方進一步，踩至乙右足外側，足尖內扣，成內橫足；上體隨向左後轉身，左足隨之向後撤步，落於乙右足內側之後。同時，借轉身之機，急轉臀尾，擺動左肩靠打乙心胸部。

三、右　打

乙：進右步，衝右拳擊甲心位。

甲：左足先向後退半步，落在乙右足之前，成外橫足；右足向前進一步，落至乙右足內側之後。同時，出右手刁扣乙右腕向下、向右領捋；上體隨之向右旋轉，左肩隨轉身時抽肩調膀，以左肩擊乙右臂及胸部。

四、側　打

乙：進右步，衝右拳擊甲心位。

甲：退左步、進右步。以右手托乙右肘內側向左推按；同時，以右肘擊乙心部。

乙：急出左手向右推託甲右肘。

甲：借乙推託右肘之勁，右臂隨向右伸出；同時，以右肩靠擊乙胸部。

五、上　打

乙：進右步，衝右拳擊甲心位。

甲：右足微收，足掌著地。同時，先以右手刁抓乙右腕，向下按壓；再出左手抓乙右腕，兩手合力猛向下拉領。

繼上動，右足進步踏實。同時，身體突向前上方升起，並以右肩擊乙面部。

六、肩打一陰返一陽

乙：進右步，衝右拳擊甲心位。

甲：不動，急以右手扣按乙右腕，並向下、向右領捋；左手托其右肘助以領捋；同時，以左肩向右轉擊乙右肩後側之肩胛骨。

繼上動，右手復向左領捋乙右腕；同時，抽肩調膀，再以右肩擊乙胸、心部。

第三節　肘　打

一、前　肘

甲：退左足、進右足，踩至乙右足內側之後。同時，左手向上托起乙右肘，再屈臂前突右肘，擊乙胸部。

二、後　肘

乙：由甲身後將甲抱住。

甲：趁乙在將抱而又未抱住之時，上體猛向右轉身，隨之右肘向後擊乙心位（*此一法過去多稱之為「提袍端帶」*）；若乙已將我抱住，但又尚未抱死之時，我則急向下蹲身，使兩肘向下離開乙抱之手，然後急向後抽右肘，擊乙右肋。

三、橫　肘

乙：進右步，衝右拳擊甲心位。

甲：退左步、進右步，踩至乙右足內側之後。同時，出右手向左橫托乙右肘內彎處，復以右肘屈臂前突，擊乙心位。

四、豎　肘

乙：進右步，衝右拳擊甲心位。

甲：退左步、進右步，踩至乙右足內側之後。同時，以左拳、臂向左橫格乙右臂；右肘由下向前、向上擊乙心位。

五、右　肘

乙：進右步，衝右拳擊甲心位。

甲：退左步、進右步，踩至乙右足內側之後。同時，出右手向左橫托乙右肘內側；同時，上體也向左轉，然後兩肘猛向左右分開，以右肘擊乙心胸部。

六、外　肘

乙：進右步，衝右拳擊甲心位。

甲：右足微向後退，落成外橫足；左足隨即向前進一步，踩至乙右足外側之後。同時，以右手刁抓乙右腕，並向外旋、向下擰翻；左手半握拳，以臂之尺骨向下壓乙之右肘。

七、上擺肘

乙：進右步，衝右拳擊甲心位。

甲：退左步、進右步，踩至乙右足內側之後，落成順足。同時，以左手向左外方架開乙右臂；右肘屈曲前突（右拳成陰，屈置於胸前），以肘尖前擊乙心胸部。

繼上動，借乙含胸吞腹之際，右肘猛向上橫起，擊乙下頦或面部。

八、右擺肘

乙：進右步，衝右拳擊甲心位。

甲：也進右足，踩至乙右足內側之後，落成順足。上體稍向左旋，同時，右手半握拳，以尺骨向左橫截乙右臂。

上動不停，右肘猛向右橫擺，擊乙心位。

九、掰　肘

乙：進右步，衝右拳擊甲心位。

甲：右足微退，同時，以右手刁抓乙右腕，並向回掰。左足隨之進一步，踩至乙右足外側之後。屈左臂以尺骨向右擊乙右肘。

十、拗　肘

乙：進右步，衝右拳擊甲心位。

甲：進左足，踩至乙右足外側之後。同時，右手刁抓

乙右腕，並向內旋、向下壓；左手擺肘，以肘內側貼乙右肘下側，向上拗勁。

【說　明】

肘的用法，尚有裏肘、開肘、轉肘、翻肘等，皆為肘之用法。另外，還有多種擒拿之法，將在另文專述，故不再複贅。

第四節　手　打

一、巧女紉針

乙：進右步，衝右拳擊甲心位。

甲：左足收而復出，踩至乙右足外側之後，落成順足。同時，左手向上、向右托起乙右肘；右手握拳，擊乙右側肋部。

二、白蛇吐信

乙：進右步，衝右拳擊甲心位。

甲：左足收而復出，落於乙右足外側之後。同時，出左手，先以小臂之尺骨向右裏截乙右肘，復以陽掌向前、向上穿戳，擊乙喉部。

三、白猿舒臂

乙：進右步，衝右拳擊甲心位。

甲：足收而復出，踩至乙右足外側之後。同時，以左

臂向右裏截乙右肘，隨即握拳內旋並向前栽出，擊乙頭面部。

四、封日閉月

乙：進右步，以右手陰掌戳擊甲面。

甲：左足不動，左臂內裏，橫截乙右肘。同時，左手外旋，以陽掌向右橫掃乙右眼。

繼上動，借乙頭向後仰之機，左手內旋，以陽變陰，用手抓、扣、挖其左眼。此謂之「翻手為雲，覆手為雨」之用法。

五、單手合掌

乙：進右步，衝左拳擊甲心位。

甲：左足收回落至右足之前；右足隨即進一步，踩至乙右足內側之後。同時，收左手、出右手，經右臂向左、向下裏壓乙左肘，複以立掌向前、向上挑戳乙海底。

緊接上動，待乙負痛而仰頭挺胸之時，右手突然下落，以掌根高骨處向下、向前塌勁，猛擊乙華蓋。

六、仙人指路

乙：進右步，衝右拳擊甲胸部。

甲：左足收而復出，踩至乙右足外側之後。同時，左手刁扣乙右腕，向下、向左領挒；右手以劍訣掌（陰手）點擊乙氣門。

七、白蛇入洞

乙：進左步，衝左拳擊甲心位。

甲：右足收而復出，踩至乙左足外側之後。同時，用右手向下、向右勾摟乙左臂；左手內旋變陰掌，向前下方直插，點擊乙左腰肋之要穴。

八、金雞掐嗉

乙：進右步，以右劈拳擊甲左頸部。

甲：左足收而復出，踩至乙右足外側之後，落成順足。同時，以右手反扣（小指一側向前，大拇指向內）乙右腕，並向下、向右領捋；左手以小臂之尺骨挫壓乙右臂，並以虎口叉其頸部，用大拇指掐其喉頭。

九、托　手

乙：進右步，衝右拳擊甲心位。

甲：左足收而復出，踩至乙右足外側之後。同時，以左臂之尺骨向右橫裹攔截乙之右臂，將己之左手置於乙之心胸前，手心向內，大拇指向上；複以右手猛托己之左手掌心，以左手背震擊乙之心部。

十、金牛捲舌

乙：進右足，衝右拳擊甲心位。

甲：左足收至右足之前，足掌著地。同時，以右手向下、向右勾摟乙右肘外側。

繼上動，左足進步，踩至乙右足外側之後，落成順足。同時，右手由乙右臂之下復向前、向上穿起，以虎口叉住乙之頸部，將乙拋跌。

十一、屠夫捆豬

乙：進右步，衝右拳擊甲心位。

甲：出右手刁抓乙右腕，並向右領捋；同時，出左手擊乙面部。

乙：重心後移，同時，出左手顧架甲左手。

甲：左手借勢內旋下翻，刁乙左腕，並向下、向左領捋；同時，右手抓乙右腕上提，並向前推；左手回拉，右手前推，兩手合力，將乙捆死。

十二、蓋手巴掌

乙：進右步，以右劈拳擊甲左鎖骨。

甲：左足微收。同時，左肘上提，將乙右臂架起。

繼上動，左足進步，踩至乙右足外側之後。同時，左手外旋下落，以掌背猛擊乙面部。

【說　明】

手的用法變化多端，以上列舉數種，遠遠難盡其妙用，也不過為之拋磚引玉，為學者開化啟蒙而已。手的用法尚有擒拿、摔跌、點穴等等，均未涉及。

第五節 胯 打

一、外 胯

乙：進右步，衝右拳擊甲心位。

甲：當乙剛動之始，左足向左前方橫跨一大步，落於乙右足外側，相距約 3 分米（一尺）之遠；右足隨即提進，置於左足內側，離地寸許。同時，以右手反扣乙右腕，並向下、向右推領。

繼上動，右足向前進一步，踩至乙右足外側之後（謂之走「旁門」）；同時，以右胯猛烈靠擊乙右胯，將乙跌出。

二、裡 胯

乙：進右步，衝右拳擊甲面部。

甲：左足稍退半步，落於右足內側，成外橫足。同時，以右小臂之尺骨向左橫裏攔截乙右臂肘內側。右足緊接進步，踩至乙右足內側之後，成內橫足。上體隨之向左旋轉，並以右胯猛擊乙陰部。

三、坐 胯

乙：進右步，以右劈拳擊甲左側鎖骨。

甲：以左小臂向右橫格乙右肘，上體也隨之微向右旋轉。同時，屈膝下蹲，以左胯骨猛烈坐擊乙大腿骨。

第六節 膝 打

一、裡跪法（一）

乙：進右足，衝右拳擊甲心位。

甲：左足收而復出，踩至乙右足外側之後，落成內橫足。同時，以右手刁抓乙右腕，向右、向下領捋，使乙出現前栽之象。

繼上動，左膝猛烈向前、向下跪壓乙右膝外側關節，使乙右膝關節當即折損。

二、裡跪法（二）

乙：進右步，衝右拳擊甲心位。

甲：微收腹吞胸，並以右手刁抓乙右腕，向右、向下領捋，使乙前栽，前足（*右足*）成實；同時，右足進一步，踩至乙右足內側之後，落成內橫足，並以膝猛烈之寸勁，跪擊其右膝內側。

三、外跪法（一）

乙：進右步，衝右拳擊甲心位。

甲：左足收而復出，踩至乙右足內側之後，落成外橫足。同時，左手刁抓乙右腕向左、向下領捋。

繼上動，以右手虎口直叉其頸部。同時，上體向前移，以左膝關節外側向前、向下跪壓乙右小腿內側。

四、外跪法（二）

乙：進右步，衝右拳擊甲心位。

甲：當乙剛動之始，左足先向左後側跨一步。出右手刁抓乙右腕向右、向下領捋。同時，進右步踩至乙右足外側之後，落成外橫足。

繼上動，右手抓乙右腕向前推。同時，以右膝關節跪壓乙右小腿外側。

五、提膝打法（一）

乙：進右步，衝右拳擊甲心位。

甲：出左手刁抓乙右腕內側，並向左、向下猛力領捋，務使乙上體出現前栽為妙；右手向上抓乙頭髮，猛向下拉拽；同時，右膝上提擊乙面部。

六、提膝打法（二）

乙：進右步，衝右拳擊甲心位。

甲：出右手刁抓乙右腕外側，並向右、向前推按；左手抓乙右肘，助右手一齊向前推按。同時，提右膝向前、向上擊乙陰部。

七、提膝打法（三）

乙：進右步，衝右拳擊甲心位。

甲：出左手刁抓乙右腕，並向左、向下拉領；右手反扣於乙項後側，並向下猛烈扳摟。同時，右膝上提擊乙胸

心部。

八、提膝打法（四）

乙：進右步，衝右拳擊甲心位。

甲：以右手刁抓乙右腕外側，並向下、向右領拽。同時，右足變外橫足，停於乙右足之前；左手抓乙右肘外側。同時，左膝提進，並隨上體向右轉旋時，擊乙大腿外側。

九、提膝打法（五）

乙：進右步，衝右拳擊甲心位。

甲：以左手刁抓乙右腕內側，並向下、向左領拽；右手以陰掌向前平砍乙右頸部。同時，右膝提起，隨身體向左旋轉時，猛擊乙大腿內側。

第七節　足　打

一、踩　法（一）

乙：站右式三體勢。

甲：右足變外橫足，踩至乙右足之前；左足循外弧線向前掃進，以足腕向右勾起乙右足。同時，右手刁抓乙右腕外側向右、向前推領；左手抓乙右肘，助以領勁。

繼上動，左足向前踩在乙左（後）足之上。同時，兩手抓乙右臂向前推出，令乙側身倒地。

二、踩　法（二）

乙：進右步，衝右拳擊甲心位。

甲：左足收而復出，踩在乙右足之前，成內橫足；右足提起，以足內側之然骨向前、向下踩乙右膝。同時，右手刁抓右手腕，左手刁抓乙右肘，合力向右後下方領拽。

三、踩　法（三）

乙：站右式三體勢。

甲：進右足，踩至乙右足之上，落成外橫足。同時，右手抓領乙右腕，並向右、向下擰翻；左手以鑽拳擊乙面部。

四、踩　法（四）

乙：站右式三體勢。

甲：右足踩至乙足之前，落成外橫足；左足提起，以足腕勾起乙右足。同時，右手刁抓乙右腕外側，左手刁抓乙右肘，合力向右、向前推領。

繼上動不停，兩手仍向前推。同時，左足向前、向下踩乙左膝內側（為內橫足），使乙膝傷而側跌。

五、踢　法（一）

乙：站右式三體勢。

甲：左足變外橫足，踩至乙右足之前；右足隨即提進，以足尖彈踢乙右足腕之脛骨。同時，出右手刁抓乙右

腕，並向右推領。

六、踢　法（二）

乙：進右步，衝右拳擊甲心位。

甲：左足向左前方進半步，落成外橫足；右足隨即提起，向前、向上以足尖或足面彈踢乙陰部。同時，右手抓乙右腕外側，左手托乙右肘，合力齊向右托。

七、蹬　法（一）

乙：側身以右足蹬甲心肋部。

甲：左足稍向左跨一步，仍落成順足（足尖稍向外撇）。同時，左手由下向上撈起刁抓乙右足腕，將乙控制，既不令其左右轉動，也不能使其向後倒地，同時更不能使其兩手抓住我身，這時我右手也一齊抓乙右足腕先向右擺動，緊接再向左擺動，然後突然抬高乙足。同時，以右足蹬乙左膝關節或陰部。

八、蹬　法（二）

乙：以右足側蹬甲腹部。

甲：右足後移，左膝提起撞擊乙右足腕內側之絕骨；同時，左足以內橫足向右前蹬出，蹬乙陰部。

九、蹬　法（三）

乙：進右步，以右手下崩拳擊甲腹部。

甲：當乙右足尚未落地之時，甲方右足先向外撇，上

體隨之向右後轉身伏體；同時，起左足向後蹬踹乙腹肋部或陰部。

十、裡崩足

乙：進右步，衝右拳擊甲心位。

甲：左足收而復出，踩至乙右足外側約 3.3 分米（一尺）之遠，落成順足；同時，右手刁領乙右腕，左手托其肘部，一齊向右後領捋；緊接起右足，向前崩擊乙陰部。

十一、外崩足

乙：進右步，衝右拳擊甲腹部。

甲：左足微收。右手刁領乙右腕，左手托乙右肘，一齊向右後方領捋。同時，起左足，向右、向前崩擊乙右側腰肋。

十二、掃　足

乙：站右式三體勢。

甲：左足變外橫足，落至乙右足之前一足之遠；右足循外弧線，由右向左擦地而進，掃打乙右足內踝骨上方。同時，以兩手向右、向下領捋乙右臂，使乙爬跌。

十三、蹼　足

乙：進右步，衝右拳擊甲心位。

甲：在乙右足未落地之前，左足向後收半步，落於右足之前，成外橫足。同時，右手刁領乙右腕向右後拉領。

繼上動不停，右足由右向左以足掌蹼擊乙右足內側之上的絕骨。

十四、截　法（一）

乙：進右足，彈踢甲左小腿脛骨。

甲：重心後移，左足上提，成內橫足，並向前下方蹬出，截擊乙右小腿前側之脛骨。

十五、截　法（二）

乙：進右步，衝右拳擊甲心位。

甲：右手反扣乙右手腕外側，左手托乙右肘，一齊向右領捋。同時，右足以外橫足提進，截擊乙右小腿之前脛骨。

十六、切　法

乙：進右步，衝拳擊甲心位。

甲：左足退半步，落成外橫足，踩至乙右足之前約2分米處；右足繞外弧線向左前方提進，並以右足外側之束骨切擊乙右足腕之脛骨。同時，右手刁抓乙右手腕外側，向右後方領捋。

十七、勾　法

乙：進右足，踩至甲左足內側之後，以右拳上鑽甲面部。

甲：在乙進步的同時，右足向後微退半步，仍落成外

橫足；左足在乙右足正落而未落之際，以足腕向右後方勾乙右足踵。同時，左手抓乙右腕向上、向左擰翻領捋，使乙向其右側摔倒。

十八、掛　法

乙：進右步，落至甲左足外側之後。同時，以右劈拳擊甲頸部。

甲：以右手反扣刁抓乙右腕外側，並向右、向下領捋；左手托其右肘，助以右手捋勁。同時，左足向左後方退步，以足踵掛乙足踵，使乙爬跌。

十九、後　點

乙：站立右式三體勢。

甲：左足向左前方進一步，落至乙右足外側之後約3.3分米（一尺）之遠，足尖內扣，成內橫足。同時，右手刁抓乙右腕外側並向下、向右擰翻領捋；左手托乙右肘助以右手之勁；右足隨之也跟進一步，停于左足內側，使我身置於乙身體之右側。

繼上動，右足以足尖彈踢乙左小腿（乙之後腿）內側之三陰交穴。

繼上動，右足復向後彈，以足踵點擊乙右小腿內側之承山穴。

二十、跺　足

乙：進右步，衝拳擊甲心位。

甲：左足蹬勁收回，使上體向後撤，成右獨立步，左足貼靠於右小腿內側，高不可過膝，足尖向右，微向上蹺。同時，左手半握拳，屈肘豎臂，以小臂之尺骨向右橫裹乙右臂外側。

繼上動，左手內旋下落勾摟乙右臂。同時，左足直向下，跺乙右足面骨。

二十一、碾　足

乙：站立右式三體勢。

甲：進右步，踩在乙右足足趾之上。同時，右手刁領乙右腕向右領捋；緊接左足提起，上體隨左足提起時也向右旋轉，全身重量都放在右足之上，右足借轉身之勁向右擰旋，使乙因足趾負痛而失去抵禦能力。

二十二、鑔　足

乙：站立右式三體勢。

甲：左足收而復出，仍踩在乙右足之前約2分米處，落成外橫足。同時，右手刁領乙右腕向右、向前推領。右足借進步之機以足尖彈踢乙右腿腕內側之絕骨，迫使乙後退；緊接右足上提，並向前、向下直鑔乙左膝內側關節至足踝內側之脛骨。

二十三、纏　法

乙：進右步，以右劈拳擊甲頸部。

甲：右手刁抓乙右腕外側，向右下方領捋；左手以陰

掌挫擊乙喉部。同時，右足獨立，左足由乙右小腿內側繞至外側，再以足尖向回纏繞，將乙右腿纏死。

繼上動，左足纏乙右腿向右、向上挑起。同時，左手摟其頸部向左橫撥，右手順勢送右臂，使乙仰跌。

第八節　臀　打

在形意拳十四打法中，臀部的用法雖不及手足之用法多見，然臀部之打法絕不可不言。

臀打，也稱尾閭打，主要用於向後抖靠和下坐。向後抖靠主擊敵之陰部，同時也可以發展到泄敵之勁力的作用；向下坐，主要在於斷敵之膝關節。

第六章

形意拳練功法

第一節 頭 功

一、定步練法

站三體勢，兩手半握拳置於臍前，拳心向下，拳面相對。

1. 前 擺

左足（或右足）向前進一步。同時，以尾巴骨為根，以腰為軸，帶動胸椎、頸椎和頭部，向前擺動。

【要 領】

①頭部前擺時，必須是「頭打落意隨足走」，在前進的中線上運動，不可左右歪斜；

②頭部前擺最大幅度不得超過前腿之膝蓋；

③前擺時下肢要保持三體步；

④要爆發出全體之抖絕勁力來，方為得法。

2. 後 擺

左足（或右足）向後微退，仍以尾巴骨為根，同時帶動腰椎、胸椎、頸椎和頭部向後擺動。

【要　領】

①後足在什麼方向，頭必須向什麼方向擺動，不得偏離中線；

②頭擺動的幅度，最大不得超越後足；

③頭、頸、胸、腰應成為整體運動。

二、活步練法

1. 頭向左側擺時，左足向左跨步。同時，左手循外弧線反扣於胸前。

2. 頭向左前方擺動時，左足向左前方進步。同時，左手循外弧線反扣於胸前。

3. 頭向左後方擺動時，左足應向左後方退步。兩手置於臍前。

4. 頭向右側擺動時，右足應向右側跨步。兩手置於臍前。

5. 頭向右前方擺動時，右足應向右前方進步。同時，右手循外弧線反扣於胸前。

6. 頭向右後方擺動時，右足應向右後方退步。兩手置於臍前。

7. 頭向後擺動時，左（右）足須向正後方退步。兩手置於臍前。

8. 頭向正前方擺動時，左（右）足須向正前方進步。兩手置於臍前。

第二節　肩　功

一、定步練法

1. 左　扣

兩足平行，相距兩足之遠。兩手半握拳，扣於臍前成陰拳。兩腿屈膝半蹲，成騎馬勢。

左肩向前扣打時，右手須先由心胸前向上鑽起，至與口平時復向內旋變為八字掌，並向右下方刁領，置於臍右側成陰拳；同時，左肩向前擺動扣打。

【要　領】

①扣打時，兩肩須抽肩調膀，並發出抖勁；

②扣打時，下肢及尾閭須保持中正，不得左右偏移。

2. 右　扣

與左扣完全相同，唯左右肩及左右手不同而已。

3. 左　靠

以尾巴骨為根，以腰為軸，然後帶動胸椎及肩向左靠打。

4. 右　靠

與左靠完全相同，唯方向相反而已。

【要　領】

①下肢及尾閭須保持中正，不可有變形移動；

②左右靠時，肩部均不得超越足位；

③勁力須由尾閭爆發，並與腰椎、胸椎合為一體。

5. 後　靠

左肩後靠時，左肩膀須向後擺動；右肩後靠時，右肩膀須向後擺動。

【要　領】

①後靠時勁力須由尾閭爆發，並由腰向上轉至胸椎、肩胛骨；

②要利用爆發之抖勁，不可使上體後仰；

③下肢須保持穩定不變。

二、活步練法

1.左肩向前扣打時，右足須向右前方進步。同時，右手向上鑽起，至與口齊時複內旋變成八字掌向下刁領。

2.右肩向前扣打時，其法與左肩前扣完全相同，唯方向及手、肩相反。

3.左靠時，左足須向左側跨步；右靠時，右足須向右側跨步。

4.左肩後靠時，左足須向後退步；右肩後靠時，右足須向後退步。

三、活步達練衣袖法

將衣服吊掛在衣架上，於練習之時將衣袖當做敵人之上體和上肢，任你左攔右拔上托下捋，以肩擊之；同時配以活步，左騰右挪、前進後退任意為之，總以順勁得法為重。

這種練法，過去多採用捋麻辮，即先將麻上鍋蒸，然

後再將其編成辮子，拴吊在堅實的椿上練之。今為了省時省事，故將捋麻辮改為達練上衣法，以衣袖練習更具有真實性。

第三節　肘　功

一、定步練法

預備勢為騎馬勢。兩手握拳，仰抱於臍前。

1. 左沿肘

左肘由下而上，循外弧線上升；左拳隨肘轉動時自然內旋上提，置於左肩外側，拳眼向左，拳心向後。

上動不停，左肘復由上而下，循右側內弧線下落；左拳隨之外旋下落，至臍前時復內旋變為陰拳，置於臍前。

2. 右沿肘

當左肘下降之時，也是右肘上升之際。右肘沿右側外弧線由下而上置於胸前，右拳屈肘內旋停於右肩外側，拳眼向右，拳心向後。

上動不停，右肘復沿左側內弧線下落。

左右兩肘如此一上一下，週而復始。

【要　領】

①左肘下降時，右肘上升；右肘下降時，左肘上升。左右兩肘如輪轉動，無僵無滯，循環無端；

②勁、意在肘，而不在手；

③凡肘下降之時，大臂均須與胸肌相摩。

3. 左肘外擺

左拳由心胸之前向上鑽起，屈肘豎臂，立於胸前，拳眼向前，拳心向左。

上動不停，抖尾轉腰，帶動胸椎、膊、膀、肘爆發寸勁，向左側突然擺動；同時，拳向內旋，置於左肩之前，拳眼向右，拳心向前。

繼上動，於勁力發放之後，左手循左側外弧線由上而下復歸原處。

4. 右肘外擺

當左手下落收回時，右拳由心胸前向上鑽起，肘向右擺。

【要　領】

①拳向上鑽起時，肘、小臂須與胸肋相摩；

②左上右下，右降左升，陰陽互易，勿滯勿停；

③起鑽時勁力應主於肘臂內側；外擺時勁力須主於肘臂外側；

④升降為柔，外擺須剛，柔如抽絲，剛須抖絕。

5. 左格肘

由騎馬勢，左手由下而上循左側外弧線向右、向前橫裹滾格；同時，左手半握拳，高與口齊，拳眼向左，拳心向內。

6. 右格肘

當左手循右側外弧線下降之時，右手半握拳循右側外弧線由下向上、向左橫格；同時，右拳隨臂轉動時外旋。當左拳內旋下落收回原處時，右拳應旋轉至胸前，拳高與

口相齊，拳心向內，拳眼向右。

【要　領】

①左右格肘時，勁力應暗藏於肘；當小臂與肘運行到將至定點之前時，應爆發出寸勁；

②左格時上體應向右自然擺動；右格時上體應向左自然擺動，但下肢必須保持中正和穩固；

③爆發寸勁應發出全體之勁力，而絕不是單純的上肢勁力。

7. 左頂肘

由騎馬勢，左肘由下而上向前頂出，左手隨之向上，置於左肩之前上方，高與耳齊，拳眼向後下方，拳心向右；同時，上體隨之向右旋轉，使左肘、左肩向前伸出。

8. 右頂肘

當左肘下落之時，正是右肘前頂之際，當左肘循右側內弧線收回原處時，右肘隨上體左旋向前頂出，右手置於右肩之前，高與耳齊，拳心向左，拳眼向後下方。

【要　領】

①肘向前頂出時，須爆發出全體之抖絕勁力；

②下肢須保持中正穩固；

③兩肘前頂時切勿偏離中線；

④兩肘出入，均須緊摩兩肋。

9. 左橫肘

由騎馬勢，右拳仰抱於臍前不動；左手屈肘，隨上體向右旋轉時，向右上方穿起，至與膀齊時，左肘向左突然橫開；同時，左手變陰拳，屈肘橫置於左胸前，肘高與胸

齊。目視左肘。

10. 右橫肘

當左橫肘爆發出寸勁之後，上體隨之再向右旋轉，左肘也隨之下落；同時，右手向左前上方穿起，至與左膀平齊時，右肘隨上體向右旋轉之慣性，向右側爆發出全體抖絕之勁力。

【要　領】

①橫出肘時須爆發抖勁；

②開肘時不得超越後肩背，也不可使勁往後拽肘，而使上體出現失中或過、不及之弊；

③眼隨手肘，肘隨身轉，體旋肘開，勁自尾發。

11. 前橫肘（左）

由騎馬勢，左肘向前橫出，小臂屈肘橫置於胸前，拳心向下。上體隨之向右旋轉 45°，目視前方。

12. 前橫肘（右）

繼上動，當左肘下落時，右肘向前橫出，小臂屈肘橫置於胸前，拳心向下。上體隨之向左旋轉90°，目視前方。

【要　領】

①橫肘擊出時，肘的落點不得超越中線，應使鼻尖、肘尖和兩足之中線列成直線；

②當發出橫肘時，勁力應集中於肘部；

③勁力發放時，不可過於僵滯，並須爆發出全體之抖絕勁力。

13. 左跌肘

由騎馬勢，左拳向前、向上鑽出，拳心向上，至高與

鼻齊時，左肘向下、向前突然下落；同時，左拳收至左肩之上，拳眼向後下方，拳心向右。上體隨之向右旋轉45°，目視前方。

14. 右跌肘

繼上動，左拳由左向右運動，並循右弧線下落，收至臍前；同時右拳向前、向上鑽起，至高與鼻齊時，右肘突然向下、向前落下；同時，右拳收至右肩之上，拳眼向後下方，拳心向左。目視前方。

【要　領】

①當拳向前擊出時，勁力主於手上；當跌肘時，勁力應轉換至肘尖上；

②當肘跌出之後，其落點不得超越鼻尖和兩足前方的中線；

③跌肘在打法中所占的位置很重要，故須在練習時，務必要練出全體的爆發勁力為妙。

15. 後　肘（左）

由騎馬勢，左後肘向後突發；同時，左拳由陰變陽。上體也隨之向左旋轉45°，目視左後方。

16. 後　肘（右）

上體向右旋轉90°，隨之左肘收回；同時，右肘向後突發，拳也由陰變陽。目視右後方。

【要　領】

①後肘發出將至定點之前的寸許時，須爆發出全體之抖絕勁力；

②發肘時須肘不離肋；

③上體轉動時，下肢要穩固。

17. 左側肘

兩拳上提於心前，小臂屈肘成水平，兩拳心上下相對，右拳在上為陰拳，左拳在下為陽拳。

繼上動，左拳由右拳之前內旋上翻，變為陰拳；右拳從左拳之內側外旋下翻，成為陽拳；同時，左肘向左側開肘。

18. 右側肘

繼上動，右拳由左拳之前內旋上翻，變成陰拳；左拳由右拳內側外旋下翻，變成陽拳；同時，右肘向右側開肘。

【要　領】

①左右側肘均須爆發寸勁；

②上體須中正，下體須穩固；

③左側肘時，目視左肘；右側肘時，目視右肘。

19. 左抬肘

由騎馬勢，左拳內旋，與左肘一起向上抬起，拳心向下置於胸前，左肘置於左側，略低於左肩。目視左肘。

20. 右抬肘

左肘下落時，右肘向上抬起。其練法與左抬肘完全相同，唯方向及左右肘相反而已。

【要　領】

①向上抬肘時須爆發寸勁；

②下肢要穩固，抬肘時兩足不可提起。

二、活步練法

1. 活步沿肘

沿肘取拗步練法。左沿肘時，右足向右前方進一步；右沿肘時，左足向左前方進一步（其沿肘的練法與前沿肘法相同，請參閱前文）。

2. 活步頂肘

頂肘可取順步或拗步兩種練法。

順步練法是：進左步頂左肘，進右步頂右肘。

拗步練法是：進左步頂右肘，進右步頂左肘。二者可交替練習。

3. 活步格肘

格肘取順、拗步兩種練法均可。

順步練法是：進左步左肘向前、向右橫格；進右步右肘向前、向左橫格。

拗步練法是：進左步時，右肘向前、向左橫格；進右步時，左肘向前、向右橫格。

4. 活步擺肘

擺肘取順步練法，即進左步時，左肘向前、向左擺動；進右步時，右肘向前、向右擺動。

5. 活步橫肘

橫肘練法可取順步和拗步兩種練法。

順步練法是：左足向左前方進步時，左肘向左側橫開；右足向右前方進步時，右肘向右側橫開。

拗步練法是：進右步時，左肘向右橫開；進左步時，

右肘向左橫開。

6. 活步前橫肘

前橫肘與太極拳中之掤手相似。其練法取順步為主，即進右步時右肘橫置於胸前，左手按在右手腕內側，合力向前抖出。

7. 活步跌肘

跌肘取順步或拗步兩種練法均可。

順步練法是：進左步時，左肘向前、向下跌打；進右步時，右肘向前、向下跌打。

拗步練法是：進左步時，右肘向前、向下跌打；進右步時，左肘向前、向下跌打。

8. 活步後肘

取進步或退步兩種練法皆可。

進步練法是：進右步時，左肘向後拽擊；進左步時，右肘向後拽擊。

退步練法是：退右步時，右肘向後拽打；退左步時，左肘向後拽打。

9. 活步側肘

左側肘時，左足須向左橫跨步；右側肘時，右足須向右橫跨步。

第四節　手　功

一、腕　功

1. 轉　腕

腕功有空練和實練兩種。空練是兩手空空，不用任何器械；實練是手握器械進行練習。

轉腕空練，可取走、站、坐、臥皆可。兩手成形意掌，為練習之準備。

內轉：左手以腕為軸，手心向上，然後以小指領勁，向右、向下、向左（變成手心向下）、向上（再復變成手心向上）轉一圓周。右手內轉與左手相同，唯方向相反而已。

外轉：左手手心向下，然後小指領勁向左、向下、向右、向上轉一圓周。右手外轉與左手完全相同，唯方向相反而已。

【要領及說明】

轉腕一法，主要練習腕部之靈活性與勁力，轉腕在技擊實戰中起著非常重要的作用，所以學者絕不可忽視。從實地練習效果來看，轉腕不僅僅使腕部的靈活性可以得到鍛鍊，而且五指的靈活性與勁力也同時可以得到鍛鍊。所以，在練習轉腕時，五指一定要不斷地隨著腕部的轉動而依次屈曲或伸展，從而使全身的經筋骨骼得到鍛鍊。

2. 撑　腕

右手半握拳於心前約2分米處，拳心向上；左手握右

腕，拇指在上，虎口向前；兩肘均與兩肋緊貼。然後右手向內旋轉，左手緊握擰勁，使左手、右腕相互擰勁，至右拳心轉至向下成陰拳時為止。

繼上動，右腕復向外旋，左手仍緊握右腕不放鬆，至右拳轉至拳心向上成陽拳時為止。

【要領及說明】

①右腕內旋、左手擰勁，兩大臂及肘須緊夾胸肋並向後拽勁。

②右腕外旋、左手擰勁，兩大臂及肘須夾肋向前滾動。

③握腕之手勁力的大小，要使右腕雖疼而能忍耐，且不致於損傷皮膚為準。待練習久後，腕部之筋骨皮肉均能適應大力所擰握時，再逐漸加重勁力擰之。

④右手擰左腕之法，均與此相同，唯左右兩手及方向相反而已。

3. 甩 腕

甩腕，又叫做「抖腕」或「甩手」。其練法可分為前甩、左（右）甩、下甩、上甩等不同方向、不同角度的甩法。

甩手之時，務要以大臂帶動甩出小臂，以小臂帶動甩出左手或右手。手為半握拳，拳、腕在甩出時均宜放鬆，當拳甩至將近定點前的寸間，則須抖發渾身之勁力，拳也要隨抖發寸勁而自然緊握；腕部也隨之由鬆而變緊，以四指之根節向外擊出。

甩腕，要兩手交替，左右互易。左手甩時，右手為其開拓（按手，顧法）；右手甩時，則左手為其開拓。開拓為顧，是為克破對方之手法；甩手為打，是為進攻對方之技。

【甩　法】

騎馬勢。

左手前甩，右手前甩；左手左甩，右手右甩；左手下甩，右手下甩。

二、運　掌

8字運掌

站騎馬勢，兩手成陰掌，按於臍前。

左運掌：左手成倒立掌，四指向下，掌心向右，虎口向前。然後左手向右、向前、向左，復再內旋扣按向右運掌，其線路如「S」形；不停，再繼續向右、向回、向左，再外旋成8字掌向右、向前運掌不停，手腕向左平轉並外旋，使四指轉向下，虎口向右，掌心向內，然後再向右運動，使運掌線路連成一個「8」字形。

右運掌：與左運掌完全相同，唯方向相反。

【說　明】

以上左右兩種8字運掌法，皆為單運掌，且為了初學者易於掌握，把它分成兩個分解動作加以說明，當學者掌握了運轉線路及運行中的掌型變換之後，就需要進一步研究和掌握兩手在8字運掌中，於每一段弧線運動時勁力在手掌中不同位置的轉移和分配。要透過8字的運轉，使勁力不斷地在手掌上前後、左右地轉換，分清陰陽虛實。

當單運掌練習純熟，並切實掌握了勁氣在手掌中的轉換之後，可以由單運掌變為雙運掌，左右互易練習。久練此法，自會悟出其中不可言喻之妙。

三、指　功

1. 擰練指法（左）

擰練大拇指時，左手四指宜蜷曲，拇指張開，手心向內，置於心前；右手四指也蜷曲，大拇指張開向上，置於左手內側，扣住左大拇指，拳面向上，拳心向右。

繼上動，左手大拇指向外擰勁，手向下旋轉；右手扣左大拇指向內旋轉擰勁，至兩手心均向下時，兩手食指伸開，左手食指在上，右手食指在下，並以右手食指扣住左手食指；同時兩大拇指鬆開。

繼上動，左手食指向外旋轉擰勁，右手食指向內旋轉擰勁，至兩手心均向下時，左手中指伸出，右手中指再扣住左手的中指，同時鬆開食指。

繼上動，如前法兩手互相旋轉擰勁，並依次無名指、小指旋擰。

2. 擰練指法（右）

與「左擰指法」完全相同，唯左右兩手及擰旋的方向相反而已，故不複贅。

3. 撐指法

凡坐在床上或凳子上時，將兩手左右分開，置於兩胯外側，以指尖抵住床、凳。

繼上動，以十指支撐，全體向上，使臀部離開床凳。

如此反覆練習，支撐的時間長短，依量自己的體力和指功的深淺而定，不必拘泥。

4. 抓球法

用一直徑 12 公分～ 14 公分的鐵球或鉛球（總以自己手的大小為準，剛剛能抓到球的一半為好），站以騎馬勢，左手托球向上拋起，待下落至胸前時，以右手五指抓住，停於胸前；然後右手再將球拋起，再以左手刁抓，停於胸前。如此一拋一抓，反覆練習，次數不限。

5. 抓袋法

用堅實帆布兩層做成方形或圓形的砂袋，裝入 5 公斤鐵砂並使其裝得飽滿充實為度。

練習時，可以左手上拋，右手力抓；右手上拋，左手力抓。也可以兩人互相拋扔抓接，練後須用藥方洗手。

6. 空抓法

所謂空抓，即不用任何器械及物品，以空手抓練。練時五指先舒伸開，然後再慢慢地向回抓握，勁力要由小到大，逐漸增加。待握成拳後（自然拳），仍要使其緊而再緊，並向外（或向內）旋擰，由陰拳（陽拳）變為陽拳（陰拳）；同時要配合呼氣，使氣、勁、力貫之於拳中。將拳攥得緊而再緊了，但從意識和勁力上仍然要再向緊握。握緊後停頓一會兒，然後再緩緩地舒伸開五指，不可用勁。如此週而復始，次數不限，量力而行。左手練後，再練右手，或左右手互相輪換練習也可。

7. 捏指法

以食指、中指、拇指三指相扣，拇指尖端扣按於食指和中指尖端，三指屈曲扣捏成環狀，共同扣勁，每吸氣時三指捏勁增大，每呼氣時保持捏勁不鬆。呼吸次數不限，

扣捏時間長短可以根據個人勁力大小、功夫深淺自定。

8. 夾捋法

夾捋法，是一種放勁的方法，每因手指於練功之後，由於氣血勁力灌注的原因，手指會產生憋脹之感，為了使其放鬆舒適，故取夾捋之法。

如夾捋右手五指時，則以左手的食指與中指，屈曲捲回，將右手大拇指夾在其中（食、中二指之間），然後適度地夾緊，準備行捋指之法。

繼上動，左手兩指夾緊向左拉；右手拇指放鬆向右拽，形成捋勁。

如此夾捋三五次後，再依次夾捋食指、中指、無名指和小指。然後再以右手中、食二指夾捋左手五指。

練指之法甚多，舉不勝舉。諸如鷹抓功的抓壇功、柳葉掌的插沙功，以及少林功法中的指功、一指禪、二指禪等，都是練指功的方法，為不贅敘，故從略之，只就形意拳中練指方法之部分，列舉如上。學者只要能夠持之以恆，專練其一，久之定會效果卓著。

第五節　臂　功

一、通經貫氣增勁法

通經貫氣增勁法，是形意拳展字功中的練法。

練時兩足平行，與肩同寬，兩腿微屈半蹲，重心落於湧泉穴（位於足底掌人字分紋處之中心）；兩手分左右平

行上舉，高與肩齊；含胸塌腰，空胸實腹，氣沉丹田，百會穴向上虛領，天庭穴微向前頂，下頦向後略收；目平視前方，鬆肩沉肘，掌心向上。

每當吸氣時，要以意導氣深納於下丹田之中；每當呼氣時，要以意領氣貫注於兩手之上，使氣勁達於上肢梢節，增強氣勁。但須注意呼吸之時，宜緩而不宜急，貫氣於兩手時要重在意氣而不可使用拙力。呼吸次數及練習時間長短不限，總以不過度疲勞為好。如感胸肋憋脹，或者有不適之感，皆因努氣、拙力之故，宜暫停練功，可做散步舒氣，或喝點熱水，稍微休息。

二、力舉千斤法

兩足平行，與肩同寬，身體自然直立，兩手自然下垂，含胸塌腰，全體放鬆，氣貫丹田。

左手外旋，以腕為軸四指循外弧線劃一小圈，是謂手指、手掌貫氣長勁法。忌用拙力。

繼上動不停，左手手心向上，經臍、腹、胸向上緩緩平托至頸部之前。

上動不停，左手仍不鬆勁，而後以腕為軸，四指向左外方轉動，隨之左臂內旋；同時左手平向腦後慢慢移動，至腦後時，手心仍向上。

上動不停，左手向上繼續托起，至左臂伸直到極處時，呼一口氣，然後左臂、左手外旋，四指向左、向前、向右劃一圓弧，成四指向上，掌心向右。

繼上動，左手復回下拽，至胸前時手掌下按成橫陰掌。

繼上動，手掌含勁下按，至臍前時按之不動。

以上為左手力舉千斤法，然後再引右手力舉千斤。其練法完全與左手相同，唯方向相反，故不複贅。

三、震搓放勁法

透過練功之後，往往小臂與手掌、手指都會感到憋脹，這是很自然的，只要透過敲擊或搓擦、夾捋，就會頓感舒適而暢快。擊，是用手掌的外沿（小指一側）或用小圓木棍，向小臂的內外、上下輕輕敲擊，會使你倍感舒適。搓，是一手握住另一小臂，然後從上到下搓擦輕擰，也會達到放勁的效果。

經以上放勁之後，再以一手握緊另一隻手的手背進行搓擰，使手掌上的憋脹之勁也得到舒鬆。最後對十指進行夾捋法，將十指之勁放鬆。

【說　明】

關於練臂力（勁）的方法也很多，諸如吊沙袋、吊鐵環、捲罐子、捲磚、練啞鈴、托鐵球、分小樹，以及磕樹、排打等等，皆為外練臂力之功。雖有內外之別，然也可以選而習之。

第六節　腰　功

一、轉腰法（一）

兩足併攏，身體直立，兩手倒叉於腰間，然後向左、

向前、向右、向後轉一周。欲右轉時，再向右、向前、向左、向後轉腰一周。次數不限，根據自己需要而定。

二、轉腰法（二）

兩足併攏，身體直立，兩手置於後腰間，用左手握住右手四指，以兩手腕外側抵住腰間兩腎部，仍如前轉腰；同時兩腕骨抵壓兩腎也做左右轉動，按摩腎部。

三、逼腎法（一）

兩足平分，與肩同寬，兩手相抱於胸前，兩腿屈膝半蹲；同時提肛、弓腰，氣沉丹田，向後逼腎；目視兩手，意在逼腎。

初練時，因為氣還不能沉於下丹田，所以在練習此功前應先練習氣沉丹田法，然後再練習此功，方保萬全。

【注　意】

練此功不可將氣血逼向頭面部，如感頭暈、目漲，即是未將氣下沉之故，應用意下領，勿使其上沖於幹頂，或暫停練功。

四、逼腎法（二）

兩足平行，與腎同寬；兩手向前平舉，手心向下，高與肩齊，兩臂伸直；目平視前方。

繼上動，兩腿屈膝慢慢下蹲，上體要保持正直，不可前俯。

繼上動，蹲至兩大腿成水平時，儘量地保持多蹲一會

兒；同時兩手外旋變成陽掌，與身體一起緩緩上升；復再向下蹲。如此反覆練習，次數不限，根據自己體力而定。

五、逼腎法（三）

端坐於椅子上，兩手由兩側向下伸至坐椅的兩側下面，用四指扳扣住坐椅邊框。然後調勻氣息，使氣沉於丹田。當呼氣時，兩手用力向上搬提；同時提肛、塌腰、坐胯，有意向後逼腎。吸氣時全體放鬆，並使腰部舒伸。反覆練習，次數不限，量力而行。

如感心胸脹滿憋氣，則應暫停練習，或以左（右）手逆向（逆時針方向）推摩胸部，或稍休息後喝點熱水。

第七節　胯　功

一、揉胯法

兩足平行，與肩同寬，兩手叉腰，身體自然直立。然後與轉腰之法相同，左右旋轉劃圓，頭部要保持正中；兩足要站穩，不可左右移動足跟，或使足掌內外兩側離開地面。

二、擊樹法

以樹為樁，在與胯同高之處，纏以棉麻，外用麻袋包裹。然後以活步練法用胯擊之。初練胯擊時要輕，天長日久，隨著功夫的逐步加深，再逐步加大胯擊的勁力，最後

再練爆發勁。

三、兩人對擊法

兩人對面側立，各進右步，以右胯互擊；或進左步，以左胯互擊。

四、左右抖胯法

站立，兩足分開，與肩同寬，全體放鬆。向左抖時，胯部突向左擊出；向右抖時也同此，但必須是由鬆而緊，先鬆後緊，不可使用拙力，方能抖出純粹而突發之整勁。

五、定步擊砂袋法

用堅實之袋，內裝細砂，吊掛於堅實之樁上，高低以胯擊其中部為宜。練時側身站立，兩足略寬於肩，然後以左（右）胯擊之。擊時同樣須先放鬆，而後突發整勁。

六、活步擊砂袋法

將砂袋左右或前後晃開，然後可任選其位進步擊之，或退步擊之，或跨步擊之。左右互換，任意為之。

第八節　膝　功

一、轉　膝（一）

左足獨立，右膝提起，高與腰齊；兩手向前後平舉，

成立掌，腕高與肩齊；目平視前方之固定目標。

然後以膝為軸，右足向左或向右做圓的運動。右足獨立，左足做圓的運動時，其法同之。

二、轉　膝（二）

兩人對面側立，各出左腿或右腿，兩足各踩至對方前足內側之後，足尖微向內扣，兩腿相互抵緊。

然後互相向左右轉動。抵緊轉動時，要各存制約對方之意，又要有互解互破之法。

三、跪　膝

以直徑 8 公分～ 10 公分粗的小樹或木樁為樁，用棉布或麻袋纏裹（至膝蓋以下），然後用膝施以左、右、裡、外之跪法。

四、提　膝

提膝分為正提與側提兩種。正提是直向上提。側提是左膝向右上方提；右膝向左上方提。

練時吊一砂袋，外裹軟物，重 30 公斤～ 50 公斤，袋的底部與胯齊，然後兩膝互換擊之。

【說　明】

砂袋上的功夫，不僅可以練膝，而且可以練足、練胯、練肘、練手、練肩、練臀。練時可以先練定步，然後再練活步。務須循序漸進，不可急於求成而突發暴力，以免損傷肌肉筋骨。

第九節　腿　功

一、小腿撐筋法

以樹為樁，左足前伸，滿足掌貼緊樹身，足踵貼緊地面和樹根；右足外展，屈膝半蹲。然後兩手抱樹，將左腿蹬直，上體慢慢地向樹身靠攏。當微感膝彎處疼痛時，即可停止上身前進，但須忍痛多堅持一會兒，讓腿後面之筋經及韌帶得到拉長。練習日久之後，疼痛感會愈來愈輕，上體也就容易靠近樹身了。

【注　意】

練習時切記動作要緩慢，禁忌過快，以防拉傷韌帶。

二、腿部增勁法

兩足站立左式三體勢。兩手做平遊按手，手心向下，大指相對，相距一拳之遠，置於心前。目視前方。

繼上動，重心前移，兩手由左至前，再向右、向回，再向左、向前推出（即劃一個整圈）；右足掌用勁擦地向前拖行，落於左足之後。

如此一直前進，翻身後，則換作右足在前，左足拖行，兩腿交替練習。

三、捆磚踢足法

兩足底各捆一整磚，然後向前、後、左、右蹬、踢、

踹、擺。練時宜慢不宜快。

第十節　足　功

一、撝搓足腕法

端坐於床、凳、椅上，將左足橫置於右大腿之上，然後用右手握住足腕，做前後的撝搓運動。

二、兩足互蹬法

每當坐臥之時，以左足踵蹬住右足尖，然後左足蹬勁，右足尖向回勾。時間、次數不限，可量力而行。

如此左右互換練習。

三、足掌踏勁法

兩足平行，與肩同寬，兩掌相疊，置於臍前，左手在上，右手在下，手心均向上。

兩腿屈膝半蹲，重心前移，落於湧泉穴，同時兩足踵提離地面；含胸，坐胯，氣沉丹田。

所站時間不限，量力而行，但練習之後必須做一些放鬆運動，使肌肉恢復原狀。

第十一節　捋麻辮功

用麻 0.25 公斤，上籠蒸半小時（時間稍長些也可），

然後分為三股，再編成辮子，長約 6.6 分米（二尺）左右，粗細以一握為宜，較粗的一頭用細繩子繫在練功椿上或堅固的牆上。練時要把麻辮當做對方的上肢，可任意採用刁、領、捋、按、扣、擰、翻、擒拿等各種動作。同時在練熟以後，可以配合以肩打、肘打、手打、胯打、足打以及爆發寸勁等。上述練法既要重在意念，也要重視捋辮的靈活和勁力。

捋麻辮是形意拳中的一種重要功法，它不僅有助於手、眼、身、法、步的鍛鍊，同時更有助於實戰的自我單獨演習。

第十二節　轉樹法

轉樹法是練習身法、步法中的一項十分重要的功法之一。它可以鍛鍊人的靈活性和敏捷性，以及手、眼、身、法、步的相互配合。

練習時可取任何一樹為椿（樹根周圍要平整），兩足取一進一退之步法；兩手取一上穿、一後摟之手法。

如順時針轉樹時，先進右步，落成內橫足。同時，右手成陰掌，向前、向上穿出，成背向樹椿。

繼上動，左足向前進方向退步，上體隨之向左後方轉身；左手隨之由身體左側先向下翻手（即手背貼身，手心向外）下插，再向上內旋摟抱，置於左肩之前，右手隨之由上而下，置於左胯外側，兩腿交叉成剪子步。

逆時針轉時，與順時針轉法相同，唯方向及兩手、兩

足相反而已。

第十三節　穿越莊稼法

穿越莊稼法，也是鍛鍊身靈步活的一種功法。每當秋天莊稼成熟之後，可選擇高粱或玉米地，於其間縱橫穿越，手拿短鞭一根（長一尺八寸），以作刀劍，將高粱和玉米葉子當做對方的上肢、下肢或刀劍，將高粱玉米稈當做對方的身體。穿越時，對上下橫豎的葉子，或用手撥、領、捋、刁、按、推、托，或用手中器械將其挑、格、削、架，而身體則左旋右鑽，步法則左騰右挪，進退任己，總以身體各部不碰到葉子為妙。

此法適應於過去稀植之高粱地，對於現在密植的高粱地，就無法適應了。但可在秋收之後，在空杆中練習。

第十四節　吊打沙袋法

吊打沙袋，固定為騎馬勢，以兩拳擊袋也是有的，除此之外，更重要的是要把十四打法中的頭、肩、肘、手、胯、膝、足及臀部、背部之各種打法，都運用於其中。

如果將麻辮也繫在沙袋上，使手足等各部配合以練習，其效則更顯著。

練時要設想對方進攻時的各種動作，同時配以顧法、破法和進法、打法。總要使步型、步法的轉換，身體的吞吐伸縮，手法的上下左右變化等，活潑無滯，配合協調，

克化靈敏，攻擊有力。

第十五節 吐故納新法

呼吸，不僅對於人的強弱虛實和壯衰勇怯有著重要的關係，而且對於人的生存和死亡，同樣起著決定性的作用。呼多吸少，是形成氣血兩虧的重要原因之一。呼吸入不敷出，常常會使人感到精神疲勞，渾身懶軟，四肢無力，這就是通常所說的「少氣無力」的緣故。如果虧氣過盛者，就會引起嚴重缺氧（表現為嘴唇發黑紫）和供血不足，是危險之兆；若吸多呼少，是為陽盛陰衰的表現，又會使人常感胸滿憋漲，目赤耳鳴，頭暈噁心，渾身不適。因此呼與吸，偏重於任一方，都會影響人的健康長壽。只有呼吸相等，出入平衡，才能使健康常在，精神飽滿。

人們生活的環境，多不相同，有空氣新鮮的地方，也有空氣污染的地方。不論生活在什麼樣的環境之中，吐故納新是必要的，特別是對生活在空氣污染比較嚴重的地方的人來說，吐故納新就顯得尤為重要。

早晨是空氣比較新鮮的寶貴時刻，尤其是樹林稠密和流水潺潺的地方，空氣中的負離子含量較大，供人生存的氧氣含量很多，空氣的品質也很高，因而人們都喜歡在早晨外出鍛鍊，呼吸新鮮空氣，滿足人體對氧氣的需要及改善人體中的氣質。但要真正達到換氣的目的，就需要將三焦中所存的髒氣全部吐掉，然後再把新鮮的空氣吸收進來，這就是「吐故納新」。

吐故必須徹底，如果仍然使用平常的呼吸方法，顯然是不能達到「徹底」的目的。因此，在吐故時，必須是將存於上焦、中焦、下焦中的臟氣完全呼出去，然後再吸滿新鮮的空氣，才能實現「徹底更新」的目的。

吐故時，口宜微開，以口呼之，且須一氣分三呼，第一呼將胸肋向內收縮，呼出上焦中的臟氣；第二呼時，須將腰肋如肚腹向內收縮，呼出中焦的臟氣；第三呼時，須將少腹向內收縮，同時助以提肛，迫使留存在三焦中的臟氣被排擠出來，此即謂之（吐故）。

如果「故」不能完全吐淨，又吸入新鮮空氣，就會使新舊混合，終不為之「純」，這就是「不能徹底吐故，則不能完全納新」的道理。

納新，是在吐的基礎上，將口閉住，用鼻吸氣。吸氣時同樣要一氣分三吸。即第一吸要充滿上焦，第二吸要充滿中焦，第三吸要充滿下焦。三呼三吸，故又稱之謂「三級呼吸」法。

第十六節　增大肺活量法

吐故納新，是人體進行氣體交換的一種方式和措施，是為了把廢氣（即二氧化碳氣）吐出，吸入新鮮空氣，這對於人的生命和健康，無疑有極重要的作用；但只有吐故納新還是不夠完美的，還需要增大肺的輸送量。

肺活量的大與小，同樣是影響人體健康長壽的重要因素之一。因為人體中的血液分為動脈血和靜脈血兩種，動

脈血是新鮮血液，故色澤鮮豔，而成朱紅色，是供給全體
各部營養的血；而靜脈血，是從各部回收回來的血，故色
澤呈暗褐色，它裡面所含的營養成分已經是極少的了。

　　對於這部分回收的血，就需要進行加工和提煉，其首
要的就是在肺部對靜脈血中的氣體進行交換，使之再成為
新鮮血液（其中包括水穀物中的營養部分），復輸入人體
各部。所以，肺活量大的人，則能夠較充分地滿足血液中
氣體交換的需要量（主要是氧氣），而肺活量小的人，就
不能完全滿足需要了。

　　因而，在吐故納新的基礎上，還必須使肺的輸送量大
增，方為養生之道、健身之方。增大肺活量的重要措施，
這裡只講一條，就是開兩肋，要把平常呼吸胸部的前後起
伏運動，改變為兩胸肋的橫向擴張，才能使肺活量真正擴
大。

　　《神運經》中云：「兩肋如魚鰓。」因此，雖說是肺
主氣，其主要功能是納氣，故實為之囊，而主氣納入囊者
乃是兩肋，所以肋若不開，則肺也不能張，氣就難以納之
於肺囊之中，肺活量是不可能增大的。

　　那麼，怎樣才能促使兩肋最大限度地擴張開呢？這要
遵循《神運經》中所指出的「前陰後縮兩肋開」的方法，
才能使兩肋向橫向（包括前後起伏）擴張。這種呼吸屬於
逆呼吸法，即每當吸氣時，要使前陰向內、向後收縮，同
時將小腹也向內收，促使兩肋向外擴張，使肺囊漲足開
滿，吸收進大量的新鮮空氣，以滿足對體內氧氣的充分供
應；當呼氣時，復將前陰、小腹緩緩放鬆。

第十七節　增強胸肌法

兩足平行，與肩同寬，身體自然直立。

兩手半握拳（宜鬆不宜緊），勁力集中於尺骨之上，以小臂尺骨緊貼胸肌，並用勁向上、向前、向下、向回轉圈挫擦胸肌，而胸肌又向外抵抗。透過外壓內抗的運動，使胸肌得到鍛鍊。

練時兩小臂須一上一下，一出一入，左右交替，陰陽互易。

第十八節　強腎保命法

一、吸氣歸腎法

先天之本，以腎為根，修心煉性，養腎保命，心腎相交，水火既濟，修性養命，性命雙修。

每當吸氣之時，以意導引，徐徐使氣入腎歸根，微微著意，不可過重。過重則助，力生則滯，滯則難通，故為一忌；無意則忘，忘則渙散，無意所領，氣無所依，也難歸根。一心一意，若有若無，克悠無慮，他無所求，勿忘勿助，勿急求成，不勉而中，無意而得。綜上所述，持之以恆，強腎保命，無須他求。

二、五行相生運轉法

調息靜氣，無思無慮，首以平心，然後煉氣。或坐、或臥、或走、或站，只要心靜，則可練習。

吸氣充金，呼氣生水；吸氣生水，呼氣盈木，呼氣生火；呼氣添火，少缺壯脾；吸氣活土，呼氣坐金。心平氣和，以意為重，急則損多，燥則無益，存意去力，綿綿密密。

練功之時，首先要心平氣靜，神安意專，不可胡思亂想，心猿意馬。待靜下來之後，再開始練功。

吸第一口氣時，意念中要存想肺金充（肺屬金），呼氣時又默想金已化水，引水入腎（金生水，水為腎）；吸第二口氣時，要存想腎壯水旺，吐氣時默想以水灌木，助以木茂（水生木，肝屬木）；吸第三口氣時，又存想木旺茂盛，呼氣時默想以木助火（木生火，心屬火）；吸第四口氣時，存想心盛火旺，呼氣時默想以火生土（火生土，脾屬土）；吸第五口氣時，存想脾健土活，呼氣時默想以土生金，助以肺壯（土生金，肺屬金）。

以上練功十八法，雖遠不完全，僅列舉部分，但學者如能擇其二三堅持練習，則不僅足以強身健體，更可功著明顯，使功、拳並茂，體用兼修，誠強身之法和益壽之良方也。

附　錄

形意拳《拳經匯》解

先明進退勢——退步高，進步低，不知進退枉學藝。

後究動靜理——正發而未發之際謂之動靜。靜則聽，動則打。彼不動，我也不動，彼若動，我則先動。

進因伏而起——行如槐蟲，起如挑擔，先伏後起，起而復落，起也打，落也打。

退方合即動——進也打，退也打。一進無所不進，鼓其氣而勇往直前；一退無所不退，領其氣而全體回轉。

起手橫勢凶——起橫不見橫，落順不見順，露橫不為能。古拳經中曾云：「起手橫拳勢難招」，即此意也。

橫屬土，萬物生於土，萬物歸於土，自然之理也，故橫拳能生諸拳，也能克破諸拳。

勾手不容情——「勾」應為「鈎」，疑為誤抄。出手如鋼銼，回手似鈎竿。

因敵而佈陣——與人交手，首先應知老、知嫩、知遠、知近；三角而立，側身對敵；占左上右，占右上左，

逢強智取，遇弱活拿。

捨己要從人──不丟不頂，捨己從人，引進落空。先打顧法後打人，遍身是法。

動急急去迎──手快打手慢的，心狠打心善的。

動緩緩相隨──緩須柔而不可剛，「柔若繩之繫」，黏住對手，不丟不頂，靜聽對方之動靜，感觸對方之進退。

保持身中正──前栽後仰皆為病，左歪右斜敗相跡。

全身備五弓──兩臂為兩弓，兩腿為兩弓，身為一弓，合而為之五弓。

欲將動抖勁──踏、撲、裹、舒、絕，乃形意拳之五字訣。踏要絕，撲要絕，裹要絕，舒要絕，絕要絕，一絕無所不絕，絕者抖也。故言欲將動抖勁，龜尾須轉抖。

步須先暗進──行如狸貓，動似猿猴，人不知我，我獨知人。勁力暗藏，進退無跡。

內外合一處──內三合，外三合，六合為一。

潑皮放膽行──視人如蒿草，放膽必成功。膽要大，心要細，眼要毒，手要狠。

精詳引進理──引進落空，再行打法，即「先打顧法後打人，遍身是法」也。

切記不丟頂──無過之，無不及，既不丟，也不頂。彼剛我柔，彼柔我剛，柔若繩之繫，悍如冰之清。

發拳如閃電──拳若烈炮，貴在於一個快字。

處處競在先──寧在一氣先，莫在一氣後；寧在一思進，莫在一思存。

彼方挨我皮——聽勁、懂勁謂之粘。

我已入彼骨——意在尺而勁在寸。

上掠或下取——上引而下取，下引而上打，或上或下，或左或右。

左右難捉摸——上左打右，上右打左，或裡或外，或左或右。

遠處不發足——打人如親嘴，打人如走路，打人如吃奶，不貪不離，

我圈不讓入——頭門丟失二門攻，二門丟失三門攻，家中始終要有「人」。

曲中去求伸——過曲不力，過直力竭，似曲非曲，曲中求直。

變近不求遠——隨高打高，隨低打低，遠不貪，近不離。

蓄力順吸氣——吸為蓄，呼為發。有氣者無力，無氣者存真。

呼氣雷聲擊——聲隨氣發，力從氣行，於運用時的一剎那，須是聲氣勁力皆發。

眼神須精準——心毒則手狠，眼毒則拳準。

膽氣催更凶——留情不舉手，舉手不留情，視人如蒿草，放膽必成功。

弧形用走化——拳者圈也，圈者圓也，圓者活，直者滯，是為化勁、顧法之用也。

擊勁發直線——起落也，陰陽也。起是去，落是打，起時上45，落時下45，合其數為90，是為直也。

三分打是手——手是兩扇門，有顧有打，先顧後打。

七分足打人——上顧下打，下顧上打；下顧拔其根，全憑足勝人。

抹眉擊首要——左眼為日，右眼為月，二人相戰，須閉其日月之光。

抖絕緊跟隨——既已封敵日月，則可任我而為之。

能在一思進——一進無所不進，既無抽扯之相，更無猶豫之形。

不教半思存——猶豫則失機，抽扯則敗相，須是寧在一氣先，莫在一氣後。

擊人要果斷——斬釘截鐵莫遲疑。

狠毒不容情——敵我交戰，不容留情，具毒則勝，無毒則敗；有毒則生，無毒則死。眼不狠則心不毒，心不狠則手不毒，手不狠則拳不毒，故與敵交手，貴在狠毒快也。

一動而即至——具備狠毒快，則可不思不想，出手成章。

遇敵火燒身——抖也。

粘粘速跟隨——不丟不頂，捨己從人；敵進我化，敵退我追，正謂之「追風趕月不放鬆」。

封閉短馬蹬——封為顧，短為打，爆發寸勁也。

擊其不注意——陽手問路，陰手打人。

攻其無準備——出其不意。古拳經中云：「與人交手無計備」是也。

一身輕靈氣——陽氣精靈，陰氣渾厚。董秀生先生在

其所著《岳氏意拳五行精義》中曾云：「氣始生於一，終分為二，即魂魄也，陰陽也。魂氣屬陽，靈敏輕清，可虛實剛柔，循環變化，神乎神乎，至於無形；微乎微乎，至於無聲，此陽氣之妙用也。魄氣屬陰，渾厚重濁，可堅強猛烈，不撓不逃，雄魄毅兮，有催堅拔山之剛之魄氣也，此陰氣之妙用也。」

如魚擺尾情──橫拳主擺。

曲身如伏虎──吞也。

伸出似龍騰──吐也。

打法無定形──靈活運用也。

高低任意行──隨高打高，隨低打低。高來者不壓，低來者不架，中來者砸切。亦即「起不起何用再起，落不落何用再落」者也。

虛實剛柔勁──虛虛實實，亦陰亦陽，虛實兼備，剛柔相濟。

全在我心中──眼要精靈，心要清明。

第一不懂怕──膽要大，有勝敵之勇氣。

生死置之度外──硬打硬碰無遮攔，尚屬初步明勁功夫之用法。

左右連環攻──左右上下連環進攻。

手勢不停留──手似車輪身似軸，全身好似滾盤珠。

行往無蹤跡──前後左右閃展騰挪，忽而在左，忽而在右，忽而前進，忽而後退，左右前後並無定型。

變化亦神奇──動則變，變化無常；變則化，神奇莫測；化則顧，左顧右盼；顧則打，左打右打，上打下打。

翻猛如虎豹——若言其進，則勇往直前，並無絲毫牽扯之弊與猶豫之形，猶如猛虎撲食，一往而無前。

轉疾似隼鷹——若遇人多我便是三搖兩旋，主鷹轉在疾也。

五行不見形——拳無定形，手無定勢，出手不見手，貴在於一個快字。

見形不為能——死搬硬套，笨拙有餘，靈活不足，乃必敗之象也。

打遍天底下，就如母雞形——單重則靈，雙重則滯。招招勢勢不離雞腿。

縱然萬般會，不如一招精——多不如會，會不如通，通不如精，故一精勝過萬般會。

打人如走路——不拘泥成法，隨勢而變，就勢而打。

視人如蒿草——敵人雖身材高大，但在我看來不過一棵小草而已，是為之神攻。故言神被神攻而怯之於膽。

但上如風響——貴在一個快字，切記一個狠字。心狠方能手毒，手毒方能快。

起落似箭鑽——起是去，落是打，起也打，落也打。身如弩弓，手似藥箭，弓張滿月，一觸即發。

梨正有所去——梨正者，項也，頸也。與人交手，須是項如雞鬥，方可提起精神。

虎閉有所取——猶如虎伏也。

發拳不空回，空回總不奇——出手如鋼銼，回手似鉤竿，去也打，回也打，起也打，落也打。

拳打渾身勁——意、氣、力、內外五行合一也。

足踏遍體空——身如猿猴之靈，步似狸貓之輕，身動無有勢。

打法先上身——天為一大天，人為一小天，牆倒容易推，天塌最難擎。

齊到方為真——齊到者，身、手、足，上、中、下，貴在一個合字。身到足不到枉然，足到手不到也枉然。董秀生先生在其所著《岳氏意拳五行精義》中道：「散之必有其統，分之必有其合。……一本可散萬株，萬株咸歸一本。……夫所謂一者，從首至足，內之有五臟筋骨，外之有肌肉皮膚、五官百骸，連屬膠聚而一貫者也，擊之不離，牽之不散，上思動而下為隨，下思動而上為領，上下動而中節攻，中節動而上下和，內外相連，前後相需，所謂一貫，乃斯之謂。」

身手足去快——身似猿猴之靈，拳似藥箭之疾，足似狸貓之輕，皆貴在於一個快字。

打倒還嫌慢——疾中疾，快中快，狠中狠，毒中毒也。

有觸必定發——渾身毛病，不容人動。不觸不動，一觸即粘，一粘即領，一領即發。

連續進擊人——不犯不打，一犯七打，頭肩肘手胯膝足，無一不進，無一不打也。

虛先作誘進——投石問路，誘敵出手；陽手問路，陰手打人。

知敵之動靜——察其五行，聽其動靜，便知其動向。

敵形尚未動，我意即先動——敵雖不動，我意已動，

但彼若動，我則先動。

聲東擊西巧——占左上右，占右上左，指上打下，指下打上，虛虛實實，真真假假。

全靠纏依繞——不即不離，不丟不頂。

上下一條線——三尖相對，頭肩肘手胯膝足，須在一條中線。

尺寸自己辨——尺寸角度，心中必明。

心全藝欺吏——疑傳抄有誤，似應為「心拳意氣力」。

自然隨我變——功深圓滿，得心應手，自可隨心所欲。

中土不離位——五行拳中，橫拳為母，皆因土可滋生萬物，而萬物又終歸於土，故土位於正中，謂之中央戊己土。

退宜知進難——進中寓退，退中寓進，「早知回轉這條路，近在眼前一寸中」。

步法忌雙重——雙重則滯，單重則靈，把把不離鷹爪，步步不離雞腿。

水磨動即緩——靜如木雞，動似雷霆；見之如婦，豈知如虎。緩若流水，源源不斷，取之不完，用之不竭。

一氣哈而迷——疑傳抄有誤，哈應為「合」，迷應為「彌」。

輕靈求懂勁——專求輕靈，則萍草無根；專求莊重，則變化不靈。必於輕靈中求莊重，穩重中求輕靈。不動如山嶽，動則似猿靈。

　　四兩撥千斤——四兩撥千斤，必備千斤力。打鐵先得本身硬，故唯有渾厚而輕靈，方可撥得千斤。

　　受力逼平面——逼，疑傳抄有誤，似應為「別」，其意即為拳打敵人時，別讓敵受力面積過大，而要儘量縮小其受力面積，方能見效甚大。

　　推宜朝上舉——指上劈拳之發人。

　　進攻不猛勁——牆倒容易推，天塌最難擎，拔掉對方根，勝利在掌中，只求得機得法而已。

　　善戰者制人——知己知彼，方可百戰百勝。不顧即打，是謂之冒險；只顧不打，是謂之失機。唯顧中有打，打中有顧，連顧帶打，方為得法。

　　攻人要害處——人身之穴，有死、活、痛、麻之分，故於對敵之時，不毒不打，專侍其要害之穴。

　　自己須嚴防——居安而思危，不可妄為、盲進。

　　兵法不厭詐——虛中有實，實中有虛，虛實兼備，引蛇出洞。

　　有隙即可乘——拳似流水，無孔不入，無空不鑽，看準時機，得進則進。

　　不致失此機——該進不進，謂之失機；該退不退，也謂之失機。進是攻擊，退是顧守，退實鼓其進也。

　　與人先交手，切忌先動手——敵不動時我不動，敵若動時我先動。雖為後發制人，實制人之先也。

　　大將臨敵陣，無處不謹慎——逢強智取，遇弱活拿，觀察敵之虛實，靜聽敵之動靜。

　　調息似綿綿，注意宣關竅——此為養生之道。其中

「宣」字，應為「玄」。道法云：「眼觀鼻，鼻觀臍，處處行持不可移，打開二六連環鎖，一盞明燈吊在眉。」

丹田練根本——下丹田，又稱「華池」，乃氣之根，為煉精化氣之所。它猶如家庭火爐一般，絕不可輕而視之。中丹田，又稱「土釜黃庭」，乃煉氣化神之處。上丹田，又稱「泥丸」，乃煉神還虛之宮。

合一見其能——意、氣、力、上、中、下，相合為一，是為得法。

養成長命寶，萬金不與人——拳經中云：「丹田養就長命寶，萬兩黃金不與人」，方不失內家拳之宗旨也。

平時勤鍛鍊，打人似兒戲——真傳一句話，假傳萬卷書。既得真傳，再加勤練，方能熟中生巧，技藝超群也。

《拳道集錄・內功四經》

《拳道集錄・內功四經》，自清朝初期，總憲王翁得之以後，復傳於宋景房，至今三百多年，幾經傳抄，雖未失其原貌，也多摻己見，因此在注解之中出現不一，是乃摻入己見之故。

余所抄此本，並非一人所抄，乃是李景文先生、任爾琪先生兩位前輩之傳抄本。李景文先生之傳抄本上注為宋景房，任爾琪先生之傳抄本上注為宗景房，一宋一宗，差異千里，何況又是人之姓名乎！

余聞前輩講，此本曾傳於宋世榮（係李洛能之弟子，後出家為僧）宋家之手，至後才傳抄於百家。且據各本之

校對，發現任爾琪之本多有錯別字，如「于」、「余」不分，故析宗景房，應為宋景房。

　　余在抄錄中，為不失古傳原貌，故以兩本原抄恭錄，並互為補全，對於個別白字（自認為），也大膽地做了修正，並加以自注之名，以供後人參考。余因學藝尚淺，未免有誤，錯誤之處，敬請有識之士予以糾正，本人將不勝感激。

原　跋

山右琅琊　王南溪注解

海右珠山宋景房恭錄

　　此書得自清初，總憲王翁得于水底石涵（李本為「石匣」）之中，初無可解，百年之後，南溪子悟識參機，方知是寶，後傳於知己宗（或宋）景房。此書共分上下兩卷，上卷名劍丹，未傳；下卷名內功，共分為四章。學者用此，必先由內功入手，納卦次之，地龍收功，久而久之，無敵於天下也。尚望同志者，詳注參學是幸！

壬申二月花朝日錄於陪孝子有天

甲申夏至前日于北京宋約齋抄

中華民國五年歲次丙辰八月二十六日

山西梗陽李景文復抄

民國癸酉歲長至月玉田甫任爾琪

于太原之古唐

內功經卷一

內功嫡（原文係「滴」，疑為白字，故改──曹志清）傳，脈絡甚真。

注：練內功之要，第一要知脈絡。不知脈絡，勉強用之，有損無益，慎之！

前任後督，氣行滾滾。

注：任脈起於承漿，由下嘴唇承漿直下至陰前高骨；督脈起於尻尾，由尻尾直上，由夾脊過泥丸，下印堂，至人中而止。

井池雙穴，發觸循循。

注：井者，肩井穴也，肩頭縫中即然；池者，曲池穴也，肘頭縫中即然。此乃全身發勁之所也。

千變萬化，不離乎本。

得其奧妙，方歎無恨（原文為「垠」，疑為衍字，故改──曹志清）

注：本者，自然之真氣也，用功之久，方悟其妙，決不能以言傳也。

龜尾升氣，丹田煉神。

注：龜尾，係骨之盡處也。用功向上翻起，真氣自然上升也。臍下一寸二分為丹田穴，用功時存元神於此耳。

氣下於海，光聚天心。

注：小腹正中為氣海，額上正中為天心，氣充於內，則形光於外也。

既明脈絡，次觀格式。

注：格式者，入門一定之規也。不明格式，脈絡也空談也。

> 頭正而起，肩平而順。
> 胸出而閉，背平而正。

注：頭正、項起，壯面而神順、肩活；胸出自背平，胸出神威，有收斂。此式中之真竅也。

> 足堅而穩，膝曲而伸。
> 襠深而藏，肋開而張。

注：足既（原文為「忌」，疑傳抄有誤，故改為「既」——曹志清）動，膝用力，前陰後縮兩肋開。

> 氣調而勻，勁鬆而緊。

注：出氣莫令耳聞，勁必先鬆而後緊，緩緩行之，久久成功。

> 先吸後呼，一出一入。
> 先提後下，一升一伏。
> 內收丹田，氣之歸宿。
> 吸入呼出，勿使有聲。

注：提者，吸氣之時存想真氣上升至頂；下者，真氣下歸於丹田也；伏者，覺周身之氣漸漸墜於丹田，龍蟄虎臥潛伏也。

> 下收穀道，上提玉樓。
> 或立或坐，吸氣於喉。
> 以意送下，漸至於底。

注：收穀道者，怕氣泄也；提玉樓者，耳後之高骨也，使氣往來無礙也，不拘坐立；氣至喉者，以肺攝心

也，氣雖聚於丹田，終能沉於足底為妙。

升有升路，肋骨齊舉。

降有降所，氣吞俞口。

注：氣升於兩肋，骨縫極力張開，向上舉起，自然得竅。降時必由俞口，以透入前心，方得真路。

既明氣竅，再詳勁訣。

注：明氣路之後，再詳剖勁訣。

通透穿貼，鬆悍堅合。

（原文中無此經名，疑為傳抄時遺漏，故加之——曹志清）

注：通者，勁之順也；透者，骨之束（原文為「速」，疑為白字，故改——曹志清）也，通透往來無礙也；伸筋（原文為「勁」，疑為白字，故改——曹志清）拔力，以緩和柔軟之意；穿者，勁之連也；貼者，勁之絡也，穿貼橫豎之連絡也。伸筋拔力，以剛堅凝結之意也。鬆者，勁之渙也；悍者，勁之萃也。鬆渙者，柔之極也，養精蓄銳之意也。悍萃者，剛之極也，氣血凝聚之謂也。鬆如繩之繫，悍（李景文原本中為「漢」，疑為衍字，故改——曹志清）如冰之清。合者，勁之一也；堅者，勁之轉也。合者，周身之精氣神為一也；豎者，橫豎斜纏之謂也。

按肩以練步，逼臀以堅膝。

圓襠以堅胯，提胸以下腰。

注：按肩者，將肩井穴之勁沉至湧泉；逼臀者，兩臀極力貼住也；圓襠者，內外極力爭橫也；提胸者，提前

胸，腰即下塌也。

提頦以正項，貼背以轉抖，鬆肩以出勁。

注：頦骨向上提起，項即正也。兩背用力貼住，覺其勁自臍下而出，至六腑穴，向外轉出，至鬥骨而回。出勁之時，將肩井穴之勁軟意鬆開，自無礙也。

折天柱以下氣，瞻合谷以立門。

注：此穴係項後之高骨上，下氣之時，極力貼住；合谷者，虎口穴也，遇敵時緊卷（原文為「掔」，疑應為緊，故改——曹志清），以目視之。

橫勁豎勁，辨之分明。

橫以臍豎，豎以臍橫。

注：豎者，自肩至足底也；橫者，兩背與手也。以身說，豎者，自腋至兩肩井穴也（任爾琪本為「至兩肩穴也」）；橫者，自六腑轉於鬥骨背也。以腿而言之，自腦至足底為豎；自膝至臀為橫。

五氣朝元，週而復始。

四肢元首，收納甚妙。

注：吸氣納於丹田，升真氣於頭，復至俞口，再降於丹田。

一、真氣自褊下，於足底復上於外胯，升於丹田；

二、運真氣於背骨，膊裡出手，復至六腑轉於丹田。一上一下，一升一降，一出一入，並行不悖（原文為「勃」，疑傳抄有誤，故改——曹志清），周流不息，久久用之，妙處甚多。

煉神煉氣，返本還原。

注：天地交泰，水升火降，頭足上下，交接如神，靜生（任爾琪本為「升」）光芒，動則飛騰，氣騰形隨，意勁神同，神帥氣，氣帥形，形隨氣騰。

【調氣秘訣】

以上勁訣既詳，下言調氣之方。

凡初入門，每日清晨，靜坐盤膝，閉目鉗口，細調呼吸，一出一入皆從鼻孔，而氣稍定，遂吸氣一口，納入丹田，助以津液，足三十六度，則真火自降矣。且吸氣之時，須默想真氣自湧泉發出，升於兩肋，自兩肋升於前胸，自前胸升於腦後，漸升於泥丸。降氣時，須默想真氣由泥丸至印堂，至鼻內，由鼻至喉，由喉至脊背，透至前心，由前心沉至丹田。丹田氣足，自能從尾閭升至夾脊，上至泥丸。週而復始，從乎天地循環之理也（如此之循環路線，既非小周天之路線，也非大周天之路線，誠望學者嚴加注意，不可大意——曹志清加注）。

納卦經卷二

乾（☰）坤（☷）

頭項效法乎乾，取其剛健純粹。

足膝效法乎坤，取其鎮靜厚載。

注：凡一出手，先視虎口穴，前額用力，平正提起，後脊背用力塌下，真氣來時，直達提氣穴，著力提住，由百會穴轉過崑崙下明堂，貫兩鼻（任爾琪本為「貫兩目」），真氣欲由鼻孔泄時，即速吸入丹田。兩耳下各三寸六分，謂之象眼穴，用力向下截住，合周身全域用之，

久之自得其妙也。凡一用步，兩外虎眼穴，極力向內；兩內虎眼穴，極力向外，委中大筋竭力要直；兩蓋骨復極力要曲，四面相交，合周身之力，向外一扭，則湧泉之氣，自能從中透出矣。

巽（☴）兌（☱）

夫宜肩背鬆活，是乃巽順之意。

襠胯要宜緊靠，須玩兌澤之情。

注：塌肩井穴，須將肩頂骨真正落下，與此（任爾琪本為「比」）肩骨相合，曲池穴比肩頂骨略低一寸（任爾琪本為「半寸」），手腕直與肩齊（任爾琪本為「眉齊」），背骨須極力貼住，此是豎勁，不是橫勁。以豎則實，以橫則虛，下肩井穴，自背底骨直至足底，故謂豎勁。右背則將左背之勁，自背底骨以意透於右背，直送至二肩門穴，故謂橫勁。兩勁並用而不亂，元氣方能升降如意，而巽順之意得矣。

襠胯要圓而緊，氣正直上行，不可前屈（任爾琪本為「前出」），不可後掀，兩胯要分前後，前胯用力向前，後胯用力向下，湧泉來時，向上甚大，兩胯極力按之，陰陽兩竅用力收住，總以骨縫口相對（任爾琪本為「兌」），外陰內陽，忽忽相吞併為主。

艮（☶）震（☳）

艮震曰：「時行則行，時止則止」，其意深哉。

胸欲竦起，艮山相似，

肋有呼吸，震動莫疑。

注：肋者，兩肋也，如魚鰓也。胸雖出而不高，肋雖

閉而不束，肘雖張而不開，此中玄妙難以口授。用肋（任
爾琪本為「力」）須以意開，以氣勝，以神萃（任爾琪本
為「足」），則為合式，非出骨內之勁也。用肋一氣之呼
吸為開閉，以手之出入為開閉，以身之縱橫為開閉。高步
勁在於足，中步勁在於肋，下步勁在於背，自然之理也。

坎（☵）離（☲）

坎離之卦，乃身內之義也，

可以意余，不能言傳。

注：心腎為水火之象，水宜升，火宜降，兩相既濟，
水火相交，真氣乃萃。精神漸長，聰明且開，豈但勁乎！
是以善於拳者（任爾琪本為「奉者」），講勁養氣、調水
火，此乃一定不易之理也。用功時，塌肩井，提胸肋、
翻（原文為「反」，疑應為上翻之「翻」，故改——曹志
清）龜尾，皆領腎氣上交於心也。須以意導之，下氣、練
步、聚勁，皆欲心氣下達於腎也，亦須以意導之。

神運經卷三

總訣四章

練形而能堅，練精而能實，練氣而能壯，練神而能
飛，故形氣，以為縱橫之本；萃精神，以為飛騰之基，故
形氣勝能縱橫，精神斂能飛騰。

右第一章言神運之體

先明進退之勢，復究動靜之根，進因伏而後起，退方
合而即動，以靜為本，以神為用，故身疾而心暇，靜之妙
也，當明內外呼吸之間。縱橫者，勁之橫豎；飛騰者，氣

之深微。

右第二章言神運之式

擊敵者，有用形、用氣、用神之遲速。被攻者，有撲也、怯也、索也之深淺。以形擊形，自到後而乃勝；以氣擊氣，手方動而不畏（任爾琪本為「謂」）；以神擊神，身未動而得入。

形受形攻，形傷而撲於地；氣受氣攻，氣傷而怯於心；神受神攻，神傷而索於膽也。

右第三章言神運之用

縱橫者，肋中開合之勢；飛騰者，丹田呼吸之間。進退隨手之出入，往來任氣之自然。氣欲漏而神欲斂，身宜穩而步宜堅，既不失之於輕，復不失之于重（任爾琪本為「動」），探如鷹隼之飛速，疾若虎之強悍。

右第四章言體用之義

山不汗則崩（任爾琪本為「不漢則崩」，即不堅則倒之意），木無本則倒（任爾琪本為「木無根」），水無源則涸。功夫也然，學者欲用神運經，必須先內功、納卦、十二大力法，周身全域精習微妙，方可學此。否則，不僅無益，而且有損。凡用此功，必須騎馬勢，穩住周身全域，足底更要著意，將丹田元氣貫注（原文為「住」．疑應為「注」，故改——曹志清），一呼則縱，一吸則回，縱時兩足齊起，回時兩（原本中無此「兩」字，疑於傳抄時遺漏，故加——曹志清）足齊落，此法永不可易。然用，又因敵佈陣，當有高低、上下、遠近、遲速、虛實、大小，變化不一。剛柔動靜之間，成敗得失（原文中無此

「失」字，疑傳抄時遺漏，故加——曹志清）之機，欲善用勁，須動步不動心，動身不動氣，然後心靜而步堅，氣靜而身穩，則漸得飛騰變化也。蓋知靜者為靜，靜亦動也；動之為動，動亦靜也。善於神運者，神緩而眼疾，氣緩而步疾，蓋因外疾而內緩，外柔而內剛，知體用之妙也，所貴者，以柔用剛，方是真剛；以柔用疾，方為真疾。此中動靜（原文中為「定靜」，似為別字，故改——曹志清），玄妙之用，皆得於象外，非可以形跡求也。學者務要深詳參究，久在久之，神運之法，自能悟其妙理。

神運既明，請言十二大力法：

一曰：底練穩步如山；二曰：堅膝曲直似柱；

三曰：襠胯內外湊集；四曰：胸背剛柔相濟；

五曰：頭顱正側撞敵；六曰：三門豎肩貼背；

七曰：二門橫豎用肘；八曰：穿骨破彼之勁；

九曰：堅骨封彼之下；十曰：內掠敵彼之裡；

十一曰：外格敵彼之外；十二曰：撩攻（原文為「功」，疑為別字，故改——曹志清）上下內外如一也。

地龍經卷四

地龍真經，利在底功。

注：用足撩人之下節。

全身練地，強固精神。

注：氣血精神，練後以固。

伸可成屈，住亦能行。

注：伸屈自如，動止任我。

屈如伏虎，伸比騰龍。

注：縮四肢，頭伏手上，蜿蜒起立如常。

行住無跡，屈伸潛蹤。

注：上下伸縮，變化翼側。

身堅似鐵，法密如龍。

注：不堅則亂，不密則失。

翻猛虎豹，轉疾隼鷹。

注：虎必須猛，鷹轉在急。

倒分前後，左右分明。

注：內轉騰挪，使敵人回不能（原文中無此「能」字，似嫌不通，故加——曹志清）順。

門有變化，法無定型。

注：反側仰伏，手足攻擊，奧妙無窮（原文為「手足擊妙雖無窮」，似有不通，故改——曹志清）。

前攻用手，二三門同。

注：攻前以手當先，肩肘（原文為「內」，似與經文之「二三門同」不符，故改——曹志清）濟（原文為「擠」，似為別字，故改——曹志清）之。

後攻用足，踵膝同攻。

注：下部用攻，足腿當先。

遠則追擊，近則迎接。

注：憑襠當要交，迅速得法。

大腿著地，側身成局。

注：側倒在地，用手輕按活軸。

仰倒若坐，尻尾單憑。

注：以尻骨做轉軸。

　　　　高低任意，遠近縱橫。

注：暗屈一足，著地則起。

　　　　悉心研究，自能通神。

注：學者詳研究，自能通達佳境。

跋

　　《形意拳練法用法與功法》一書，到此為止，做一結尾。本不願學古，始有前言，終有後語，故欲捨之，不願再寫，但停筆之後，總覺有頭無尾，有始無終，只有寫跋作為結尾而已。

　　在編寫此書的每一招、每一勢、每一法之時，都難忘諸師悉心教誨之恩，所以用跋來闡發心中之語，以做對諸師之懷念。

　　余自幼喜愛武術，20 世紀 50 年代從師靳書子先生學習查拳及彈腿；60 年代初從師商長鎖先生學習形意拳、五行太極（又稱形意太極），同時又得到楊玉山（穆修易老先生的義子、門徒）師伯的指點，並從其學習八卦掌；1963 年又從妻伯父杜大興（係張涵芝老先生之高足）學習鞭杆拳；同時又得到慈濟道人的指點，並從其學習道教功法；後又從周潛川先生學習內功養生法。飲水思源，今《形意拳理論研究》及《形意拳練法用法與功法》的面世，諸師之恩怎不令我感慨萬分！

　　余隨從商長鎖先生的時間較其他恩師的時間為長。商師自幼隨父逃荒來到山西，定居太原，以做小買賣為生，

先後曾拜董秀生、穆修易等老先生為師，學習形意、八卦、太極（形意太極）、少林五行，以及擒拿、點穴、器械等，幾十年如一日，刻苦鑽研，融形意、八卦、太極於一體，練就一身功夫，身懷絕技，技藝超群，成為晉陽大地的一代名師。商師為人忠正，和藹近人，愛徒如子，孜孜不倦，耐心授藝，真令人敬佩而難忘。然而因其一生為生活奔波，文墨欠佳，未能將終身技藝著書面世，實為憾事。余出於對武術的愛好和對武術事業繼承發揚的責任感，將所承之微薄技藝纂成拙著，一方面以示後人，另一方面也為完成諸師未完成之意願，以懷不忘。但由於本人水準有限，所著之技藝不過諸師之一二而已，僅作拋磚，以引珠玉耳。

曹志清　謹識

國家圖書館出版品預行編目資料

形意拳練法用法與功法／曹志清　著
——初版——臺北市，大展，2014〔民103.10〕
　　面；21公分——（形意・大成拳系列；2）
　　ISBN 978-986-346-040-4（平裝）
　　1.拳術　2.中國
　　528.972　　　　　　　　　　　　103015598

形意拳練法用法與功法

著　　者／曹志清

責任編輯／王躍平

發 行 人／蔡森明

出 版 者／大展出版社有限公司

社　　址／台北市北投區（石牌）致遠一路2段12巷1號

電　　話／(02) 28236031・28236033・28233123

傳　　真／(02) 28272069

郵政劃撥／01669551

網　　址／www.dah-jaan.com.tw

E-mail／service@dah-jaan.com.tw

登 記 證／局版臺業字第2171號

承 印 者／傳興印刷有限公司

裝　　訂／承安裝訂有限公司

排 版 者／千兵企業有限公司

授 權 者／山西科學技術出版社

初版1刷／2014年（民103年）11月

定　　價／330元

●本書若有破損、缺頁請寄回本社更換●

大展好書　好書大展
品嘗好書　冠群可期